Jürgen Hembd

Opa erzählt

Teil 1: Über Familie und Verwandtschaft

Herstellung und Verlag:
BoD - Books on Demand
Norderstedt 2012
ISBN: 978-3-8482-2780-8

für

meinen Enkel

Patrick

Vorwort

Opa, vertel's - Opa, erzähl mal!
In den 60er Jahren bin ich durch die Niederlande geradelt und weiß aus eigener Anschauung, dass sich der dortige Lebensstil auf dem flachen Land gestern und vermutlich auch noch heute vom Leben in einem Großstadtbezirk wie Berlin-Schöneberg gehörig unterscheidet. Manche Fragen zu meiner Kindheit musste ich außerdem erst einmal gedanklich in die 40er Jahre zurück übertragen, also in eine völlig chaotische Welt, die, abgesehen vom Zweiten Weltkrieg, nur verständlich wird, wenn wir das Rad der Entwicklung in vielerlei Lebensbereichen um Längen zurückdrehen.

Meine Landsleute und viele Zeitgenossen, werden manches von dem, woran ich mich im Rückblick auf meinen höchstpersönlichen Lebenskreis erinnere, *so* oder ähnlich erlebt haben. Aber ich möchte festhalten, dass meine Berichte wiederum ein Unikat darstellen. Sie sind von einem Indianer in den Rocky Mountains oder einem Beduinen in Afrika, einem Grönländer oder einem Bergstamm am Rande des Himalaja kaum nachvollziehbar. Wie stark bin ich doch durch meine Hautfarbe, meine Sprache, meine Ansprüche und durch Geschichte und Denkweise meines Volkes geprägt!

Es begann eine faszinierende Zeitreise in meine persönliche Vergangenheit bis hin zu jenen Tagen, als ich noch Kind und Jugendlicher war. Ich sollte erzählen über *Familie und Verwandtschaft* und dabei hatte ich sieben bis sechs Jahrzehnte rückwärts zu überspringen! Und alles ohne Hypnose! Ein wenig kamen mir dabei meine bisherigen Ergebnisse in der Familienforschung zugute. Aber es ging ja gar nicht so sehr um das Beziehungsgeflecht mit meiner Verwandtschaft, sondern vielmehr um meine eigene und höchstpersönliche

Autobiografie! Da gibt es einiges an mündlicher Tradition. Ich konnte also zurückgreifen auf das, was mir von meinen nächsten Verwandten über mich berichtet worden war. Natürlich waren diese Berichte weder systematisch noch lückenlos, manchmal sicherlich verniedlicht.
Außerdem hatte ich nie gezielt nach meiner Vergangenheit gefragt. Da gibt es weiterhin einige Urkunden, aber keinerlei Tagebuch-Aufzeichnungen. Ich habe nämlich noch nie ein Tagebuch geführt!
Zu meinem Leidwesen musste ich erfahren, wie wenig verlässlich mein Erinnerungsvermögen funktioniert und was für ein schlechter Beobachter ich offenbar allezeit gewesen bin! Dennoch wurzeln in meinem Gedächtnis noch einige innere Bilder, akustische Eindrücke, unangenehme Gerüche und dumpfer Lärm, schmerzhafte Erlebnisse oder auch peinliche Begebenheiten, die ich in ihrer Anschaulichkeit und in ihren Folgewirkungen nie zu verdrängen oder zu vergessen vermochte!
Manche Antworten konnte ich nur durch logische Rückschlüsse und durch historische Analogiebildung in Bezug auf das damalige Zeitgeschehen gewinnen oder aus meinen späteren Gewohnheiten, Eigenheiten und persönlichen Stärken und Schwächen herleiten.
Niemand könnte sein Leben wie einen Film abspulen lassen. Das wäre einerseits zu oft banal und insgesamt langweilig. Andererseits würde dafür die Zeit nicht reichen, weil wir unser Leben ja nicht zweimal leben können! Unsere Erinnerung gleicht eher Puzzleteilchen, die aber nie ein Ganzes ergeben können. Auf die exemplarische Auswahl kommt es wohl an!
Bevor ich nun aber schon im Vorwort ins Erzählen verfalle, muss ich mich selbst zurechtweisen! Was sollte ich, der Opa, eigentlich tun? Ach ja, erzählen. Also, los geht's!
Jürgen Hembd, im Herbst 2012

Opa erzählt über seine Familie und Verwandtschaft

1. Wann und wo wurdest Du geboren?

Geboren wurde ich am 16. Mai 1941, an einem Freitag, im Rittberg-Krankenhaus in Berlin-Lichterfelde. Auf dem Stadtplan finden wir es an der Carstenn- Ecke Murtener Straße.

Es war im Jahre 1904 eröffnet und 1934 erweitert worden, u.a. um eine Entbindungsstation. Vielleicht bin ich damals vom dortigen Chefarzt Prof. Kurt-Otto von Stuckrad oder wenigstens unter seiner Aufsicht zur Welt gebracht worden. Wer weiß. Er liegt in einem Gemeinschaftsgrab auf dem Gelände begraben und dies wiederum ist ein trauriges Kapitel der Zeitgeschichte!

1995 wurde das Rittberg-Krankenhaus geschlossen und die Gebäudeteile dienen heute der Hauptverwaltung des DRK.

Meine Mutter hatte sich so sehr ein Mädchen gewünscht! Es wäre auf den Namen *Monika* getauft worden. Sie habe diesen Wunsch sogar den Krankenschwestern mitgeteilt – die aber fühlten sich offenbar für derartige Wünsche erstens unterbezahlt und zweitens nicht zuständig!

Erst ein Jahr nach meiner Geburt wurde die Sonografie bahnbrechend medizinisch angewendet und für gynäkologische Zwecke wohl sogar erst Ende der 40er Jahre!

Welchen Gewinn hätte das vorzeitige Wissen um mein Geschlecht meinen Eltern allerdings gebracht?

Immer wieder bekam ich zu hören, dass meine Mutter mit mir eine schwere Geburt erlebt und ihr daher eine einmalige Schwangerschaft genügt habe!

Da sie erst im Jahre 2010 95jährig starb, hatte sie ja immerhin noch 69 Jahre Zeit, um sich mit mir und meinem

„Geburtsfehler" anzufreunden. Ich konnte wirklich nichts dafür, aber die ganze Sache hat mich schon ein wenig nachdenklich gestimmt – auch wenn ich glaube, dass sich unser Verhältnis, nüchtern betrachtet, insgesamt sehen lassen konnte!

2. Was passierte gerade in der Welt, als Du geboren wurdest?

Gemeint ist sicherlich, was außerhalb meines Kinderbetts und außerhalb der Krankenhausmauern geschah – oder? Diese Frage habe ich mir vor einiger Zeit auch selbst gestellt und versuchte ihr im Landesarchiv der Stadt Berlin auf den Grund zu gehen. Dort werden nämlich Zeitungen aus jener Zeit aufbewahrt, aber ich habe bei der Suche einen Denkfehler gemacht! Ich ließ mir nämlich eine Zeitung vom *16. Mai 1941* geben. Worin lag mein Denkfehler? Richtig! Ich hätte nach der Zeitung vom 17. Mai 1941 fragen müssen; denn es wurde doch erst einen Tag später über die Geschehnisse an meinem Geburtstag berichtet! Dabei handelte es sich freilich um Berichte inmitten des 2. Weltkriegs und deshalb ist Vorsicht geboten in Fragen des Wahrheitsgehaltes der Meldungen, der ideologischen Einfärbung der Kommentare und der hysterischen Kriegspropaganda!
Es muss heute zunächst einmal genügen, dass ich feststelle, dass bereits seit 1939 der Zweite Weltkrieg zu Lande, in der Luft und auf dem Wasser tobte. Mein Vater war „draußen im Felde" und erfuhr von meiner Geburt erst mit einiger Zeitverzögerung per Feldpost.

**3. Wie groß war Deine Familie? Das wievielte Kind
warst Du für Deine Eltern?
Wie heißen Deine Geschwister und mit wem hast
Du die meiste Zeit verbracht, als Du aufwuchst?**

Meine Familie bestand aus Vater, Mutter, Kind.
Genauer gesagt, für lange sechs Jahre, bis 1947 nämlich,
zunächst einmal nur aus meiner Mutter und mir. Welch
einen Mut hatte meine Mutter aufgebracht, in jenen Tagen
überhaupt schwanger zu werden! Wie viel positive
Lebensenergie und Zuversicht mussten in ihrem Herzen
gewohnt haben!
Von Tag zu Tag und von Woche zu Woche fragte sie sich
doch voller Angst, ob denn mein Vater inzwischen
überhaupt noch am Leben oder bereits gefallen und sie
schon längst Kriegerwitwe sei! Kriegswaisen hat es später
unter meinen Klassenkameraden ja zur Genüge gegeben!
Ich gehe davon aus, dass ich ein Wunschkind war, aber
ich fühlte mich immer ein wenig verunsichert, weil ich
eben aufgrund dieses berühmten kleinen Unterschiedes
ein Junge war und meine Mutter nun mit *mir* vorlieb
nehmen musste. Gewiss, jede Mutter erinnert sich ihr
Leben lang an ihre Niederkunft, aber ich hatte es meiner
Mutter bei meiner Geburt wider Willen offenbar besonders
schwer gemacht! Mich ließ ihre Leidensgeschichte nicht
wirklich gleichgültig, weil ich Mitgefühl für sie empfand, so
oft ich Ohrenzeuge ihrer klagenden Erzählungen wurde.
War sie vorher überhaupt regelmäßig bei der
Schwangerschaftsgymnastik gewesen – so wie es
werdende Mütter heute meistens tun? Gab es damals im
Krieg so etwas schon oder noch oder war dies erst ein
Teil der Gesundheitspolitik der Nachkriegszeit?
Eigentlich war ich mir keiner Schuld bewusst; denn ich
hatte doch gar nicht dabei mitreden dürfen, ob ich

überhaupt zur Welt kommen wolle, wer meine Eltern sein sollten und ob ich nicht zur falschen Zeit geboren würde!

Na ja, Geburten tun einer werdenden Mutter wohl immer weh und in meinem Fall muss man bedenken, dass ich nicht einmal wie meine eigenen beiden Kinder später durch einen Kaiserschnitt unter Vollnarkose der Mutter, sondern auf ganz natürliche Weise das sprichwörtliche *Licht der Welt* erblickte. Wer weiß, wie lange sich meine Mutter mit mir quälen musste! Hätte ich das damals mitbekommen, hätte ich mich vielleicht ganz klein und schlank gemacht und etwas beeilt!

Lange Zeit habe ich mir eine Schwester gewünscht. Später hätte ich stattdessen gern einen Hund gehabt und noch später mit einem Hamster vorlieb genommen. Aber auch diese Wünsche wurden mir, obwohl sie optisch immer kleiner wurden, nicht erfüllt. Rückwirkend betrachtet, kann ich das gut verstehen; denn wir litten stets an Raumnot und an Geldmangel! Ich lernte also beizeiten zu verzichten und bescheiden zu sein.

Meine Frau hat mir dieses Schicksal des Einzelkindes gelegentlich zum Vorwurf gemacht, weil ich nie teilen und abgeben gelernt hätte. Es ist allerdings müßig, darüber zu spekulieren, was aus mir geworden wäre, hätte ich Geschwister gehabt!

Ich blieb also ein Einzelkind, das keine Tiere zu Hausfreunden haben durfte.

Dies klingt jetzt ein wenig theatralisch, war aber vielleicht auch ganz vernünftig, weil ich dadurch keine Verantwortung zu übernehmen brauchte. Ehrlich gesagt, Tiere haben ja immer ihr Eigenleben. Sie kosten Geld, brauchen Platz, machen Dreck und verlangen, dass man sich andauernd mit ihnen beschäftigt! Aus mir ist nie ein Tierliebhaber geworden. Besser gesagt: weil ich Tiere liebe, habe ich keine mehr!

In der Belziger Straße mästete mein Vater in einem Stall auf dem Hängeboden des Badezimmers ein Kaninchen. Ich höre noch heute die Todesschreie des zu schlachtenden Tieres, sah es im abgehäuteten Zustand und habe bis zum heutigen Tage kein Kaninchenfleisch angerührt.

Eine Kinderkrippe oder einen Kindergarten habe ich nie besucht – diese Frage stellte sich für uns damals gar nicht. Es war schließlich Krieg und es ging ums nackte Überleben!

Ich glaube, ich war früher während meiner Schulzeit oft allein und zwangsläufig häufig mir selbst überlassen! Ein Schlüsselkind! Meine Mutter war allein erziehend – wenn ich einmal von den sporadischen Fronturlauben meines Vaters absehe – und sie war immer wieder berufstätig. Aber ich bin mir sicher, dass sie mich, pflichtbewusst und zuverlässig wie sie war, nie wirklich aus den Augen gelassen und stark an mir gehangen hat! Ich war schließlich *ihr* einziges Kind, das sie schützte und liebte. Ich kann nur erahnen, wie oft sie in ihrer persönlichen Not geweint hat; denn sie war stark am Wasser gebaut!

4. Was für ein Kind warst Du, als Du klein warst?

Diese Frage kann ich nur beantworten, wenn ich mich daran zu erinnern versuche, was meine Verwandten über mich gesagt haben, was ich den noch erhaltenen Fotos entnehmen kann und was auf meinen ersten Zeugnisköpfen in der Grundschule stand.

Ich glaube, ich war *artig*, *schüchtern* und *bescheiden*.

Ein artiges Kind tut immer brav, was ihm aufgetragen wird ohne aufzumucken. Es ist sozusagen pflegeleicht!

Ein schüchternes Kind drängt sich in seiner Ängstlichkeit niemals vor und macht den Mund nur dann auf, wenn es sich nicht vermeiden lässt oder wenn es hundertprozentig weiß, dass seine Antworten richtig sind.

Mein Wunsch nach einer Schwester war sicherlich unbescheiden, aber er entsprach meiner tief empfundenen Sehnsucht danach, nicht allein dazustehen und ständig Blitzableiter für alles zu sein!

Ich war sehr zurückhaltend, vorsichtig und wenig selbstbewusst. Kein Teamspieler, sondern eher ein Einzelgänger. Ich hasste das *Tipp-Topp-Spiel* in der Schule, bei dem zwei Spielführer ihre Fußball-Mannschaften auswählen durften. Ich blieb immer übrig, weil mich keiner wollte. Verfügungsmasse, sozusagen.

Ich musste unter meinem Familiennamen leiden und wurde gehänselt. Damals wusste ich noch nichts über Genealogie und Familienforschung und fand meinen Namen unerklärlich!

Ich war gehemmt; denn ich war Bettnässer!

Ab wann, weiß ich nicht. Allerdings bin ich Hannelore, meiner ersten Freundin während der Jahre 1961 und 1962, noch heute dankbar; denn als sie mich in den Arm nahm und küsste, war ich von dieser schrecklichen Krankheit von einem Tag auf den anderen kuriert! Im Übrigen fand sie mich langweilig.

Als Kind nahm ich mir jeden Abend vor, nie mehr einzuschlafen und dann geschah das Malheur doch und schon wieder war alles zu spät! (Meiner Mutter war es als kleines Mädchen übrigens genauso ergangen – vielleicht gleichfalls aus panischer Angst vor ihrem jähzornigen Vater!) Als Bettnässer läufst Du ständig mit einem schlechten Gewissen herum; denn wir besaßen damals keine Waschmaschine, mit der der Schaden schnell, mühelos und unauffällig hätte behoben werden können! Wäsche wurde im großen Bottich auf dem Herd gekocht und von Hand gewaschen und gespült.

Ich redete mir immerfort ein, ich würde stinken und sei ein Taugenichts! Bis heute stehen mir Menschen mit persönlichen Handicaps sehr nahe, weil ich in ihnen nachträglich einen Teil meines eigenen Schicksals von früher erkenne!

Meine Mutter hat damals sicherlich alles getan um mich ordentlich anzuziehen, aber auf einem Klassenfoto aus der Grundschulzeit sehe ich mit meinen offenbar von ihr genähten Kleidungsstücken wirklich „geschossen" aus. Ich selbst hätte mich nur ungern zum Freund gehabt!

Vielleicht war ich ein wenig altklug, weil ich zu viel Umgang mit Erwachsenen hatte.

Auf alten Fotos *sitze*, *stehe* oder *gehe* ich. Habe ich mich eigentlich je schnell bewegt? Bin ich gern gerannt? War ich viel in Bewegung?

Nein, ich war mit Sicherheit ein ruhiges Kind – langsam, aber nicht dick – noch lange nicht! Langsamkeit in allen Dingen war mir eigen! War und bin ich ein Lymphatiker, also ein Mensch mit nur geringer Energie und Dynamik?

5. Was ist Deine schönste Erinnerung an Deine Kindheit?

Wir, meine Mutter und ich, wohnten in den ersten sechs Jahren meines Lebens ganz überwiegend beide allein zur Untermiete in einem der beiden Wohnzimmer in der Ebersstraße 39, 1. Stock Mitte, in Schöneberg. Als Berlin im Krieg unter dem Bombenhagel der Alliierten lag, wurden wir zu meinen Tanten nach Görlitz, in die Bautzener Straße 13, evakuiert. Dort gab es hinter dem Haus einen kleinen Privatgarten meiner Tanten, in den ich mich bei gutem Wetter gern zurückgezogen habe. Meine Tanten hatten ihren Tante-Emma-Laden parterre und ihre Wohnung lag im ersten Stock. Dort stand ein Grammophon mit einem riesigen Trichter als

Lautsprecher. Dieses Gerät funktionierte mechanisch, so dass ich das Grammophon mit einer Kurbel aufziehen musste, wenn ich eine der Schellackplatten abspielen wollte. Die Platten liefen im 78er Tempo und alle Nase lang musste die Grammophonnadel ausgetauscht werden.

Dieses Grammophon habe ich geliebt!

Ich erinnere mich, wie ich mit meiner Tante Gretel eines Morgens mit dem Bollerwagen zur Markthalle fahren durfte um Waren für den Weiterverkauf im Laden abzuholen.

Mit der Straßenbahn sind wir gelegentlich zum Fuße der Landeskrone gefahren.

In Berlin, in der Ebersstraße, hatte schräg gegenüber Paul Hecker sein Friseurgeschäft. Ich erinnere mich daran, dass ein Haarschnitt bei ihm damals 60 Pfennige kostete und ich genoss es jedes Mal, auf dem Drehstuhl mit der beweglichen Lehne vor dem großen Spiegel zu sitzen. Ich mochte es, wenn er meine Haare schnitt und mit dem Kamm hindurchfuhr.

Kann ich eine dieser Erinnerungen aber eigentlich meine *schönste* nennen? Ich mag keine Superlative!

Ich bin inzwischen ein Großvater, der immer noch gerne schaukelt. Ja, ich habe an meiner Schaukel im Garten in Wittenau gehangen!

Hatte ich damals Freunde, die ich besuchen oder die ich in unser Zimmer in der Ebersstraße mitbringen durfte?

Ich erinnere mich an Bernd Doefke, einen Schulfreund aus der Grundschulzeit. Er wohnte in der Feurigstraße, gegenüber unserer Grundschule. Er hat mich gelegentlich zu sich nach Hause mitgenommen. Bei ihm habe ich zum Ersten Male in meinem Leben eine Kieler Sprotte zu kosten bekommen. Wenn wir bei ihm durch die Hauseinfahrt gingen, landeten wir in einem Kuhstall. Quer durch Berlin gab es solche Stallungen, damit die

Bevölkerung damals mit Milch versorgt werden konnte. Ob mein damaliger Schulfreund Bernd noch lebt?

6. Welche Spiele habt Ihr gespielt, als Du aufwuchst? Habt Ihr immer draußen gespielt? Wann musstest Du zu Hause sein?

Bevor ich heiratete, konnte ich *Halma, Mühle und Dame* sowie *Mensch, ärgere Dich nicht!* und *Schach* spielen, allesamt Brettspiele. Rückschließend muss ich also sagen, dass ich mit diesen Spielen in meiner Kindheit wohl irgendwie vertraut gemacht worden war. Aber von wem? Mein Vater konnte es kaum gewesen sein; denn der kam erst 1947 aus amerikanischer Kriegsgefangenschaft in Paris zurück. Vermutlich habe ich mit meinen beiden Großmüttern Brettspiele gespielt, wenn immer ich sie besuchte.

Ich bin in der Ebersstraße aufgewachsen, bis ich so ungefähr acht war. Soweit ich mich erinnern kann, war dieser Straßenzug von Kriegszerstörungen einigermaßen verschont geblieben und ist bis heute beidseitig mit vierstöckigen Häusern bebaut. Hinter den Häusern auf der gegenüberliegenden Straßenseite rauscht immer noch die S-Bahn im regelmäßigen Zeittakt vorbei. Ich kann mich weder an einen nahe gelegenen Park erinnern noch an Buddelkästen im Hinterhof. Da ich in der Ebersstraße 39 wohl keine anderen Kinder als Spielkameraden besaß, begnügte ich mich in der Schule mit dem Schichtunterricht und war sonst vermutlich mehr oder weniger *ständig* zu Hause, so dass sich die Frage nach einer individuellen „Sperrstunde" vermutlich gar nicht stellte. Ich glaube, meine Mutter hat mich stets ängstlich behütet und mein Leben gesteuert, so lange es überhaupt nur ging!

Vor dem Wohnhaus in der Belziger Straße 50 haben wir später auf der Bordsteinkante gesessen und *gepokert*. Dazu dienten uns die ausgeschnittenen Vorder- und Rückseiten von Zigarettenpackungen. An die Marke *Juno* kann ich mich noch erinnern. *Hopse* haben wir gespielt und ich besaß einen *Kreisel*, der mit einer Peitschenschnur zum Drehen gebracht wurde. Damals spielten einzelne Straßenzüge gegeneinander *Treibeball*. Ob ich da jemals mit von der Partie war? Durch die Belziger Straße fuhr die Straßenbahn der Rundlinie 66. Die Schaffner verkauften Fahrscheine, die sie von einem Block abrissen. Waren alle Fahrscheine verkauft, blieb ein Falzstreifen übrig und wir Kinder krähten jedes Mal sehnsüchtig: „Onkel, hast'n Block?" Heute frage ich mich, was ich mit diesen ergatterten „Blöcken" anschließend tat. Ich weiß es beim besten Willen nicht mehr! Gern legte ich Kastanien und Münzen auf die Schienen.

Ich wuchs im kriegszerstörten Berlin auf und wagte mich auf der gegenüberliegenden Straßenseite gelegentlich auch in die Trümmer der zerbombten Schule. Dort wurde ich ganz gemein von einem gezielt auf mich geworfenen Stein am Kopf getroffen und meine Mutter brachte mich mit meiner stark blutenden Wunde völlig verzweifelt zu einer Rettungsstelle irgendwo am Sachsendamm. Sie hatte panische Angst um mich als Opfer.

Eines Tages saß Lothar Gibbels aus dem Hinterhaus im Vorgarten auf einem ziemlich hohen Schaltkasten. Möglicherweise gerieten wir in Streit und so packte ich ihn an beiden Füßen und zog ihn von seinem hohen Thron. Er landete auf seinem Gesäß und verletzte sich dabei erheblich. Ich glaube, damit hatte sich unsere Freundschaft erledigt und ich trage seit jenen Tagen ein Täterprofil in mir herum, dass mir bis heute peinlich ist.

7.Hattest Du ein Lieblingsspielzeug? Was war es?

Als Spielzeug besaß ich eine von meinem Großvater ererbte Postkutsche und vermutlich einige Brettspiele – aber ich bin mir da gar nicht mal so sicher! Ich glaube, mich an einen Stabilbaukasten erinnern zu können, an dessen Teilen ich schrauben konnte, und an Holzbauklötze. In der Grundschule geschah es dann: Zum Julklapp sollten wir ein Geschenk mitbringen. Ich hatte keines und wickelte am Vorabend einen meiner Holzbauklötze in Geschenkpapier ein. Nie werde ich die Tränen meiner Mitschülerin vergessen, die diesen Bauklotz erwischte! Noch heute tut es mir unbeschreiblich leid! Irreparabel, weil einfach nicht wieder gutzumachen! – Ich musste mir anfangs das Zimmer mit meiner Mutter teilen, nach 1947 für einige Jahre sogar mit meinen beiden Eltern! Da blieb einfach nicht viel Stauraum für Spielzeug und kaum Platz für eine Spielecke!
Soweit ich mich erinnern kann, bekam ich später einen Tretroller aus Holz geschenkt, mit dem ich in der Belziger Straße auf der falschen Straßenseite spazieren fuhr. Ich kann mich deshalb so genau daran erinnern, weil mich ein Schutzpolizist anhielt, den Roller kassierte und mich zu meinem Vater mitnahm: „Meister, sagen Sie Ihrem Sohn…" Na, was wohl?
Vielleicht sollte ich gelegentlich ein Spielzeugmuseum besuchen um meinem Gedächtnis auf die Sprünge zu helfen!

8. Welche Bücher hast Du als Kind gelesen?
Lasen Dir Deine Eltern oft etwas vor?

Auch diese Frage kann ich nur logisch rückschließend beantworten.

In meinen ersten sechs Lebensjahren wäre nur meine Mutter als Vorleserin infrage gekommen – aber habe ich selbst eigentlich später meinen eigenen Kindern Geschichten vorgelesen? Ja, ich erinnere mich da an zahlreiche Sachgeschichten und auch solche fiktiven Inhalts, zurechtgemacht für die Verständniswelt kleiner Kinder in den 70er Jahren. Allerdings glaube ich, dass ich mir als „moderner" Vater diese Verpflichtung selbst auferlegt hatte, weil ich wusste, wie sehr die Welt des Kindes geistige Nahrung und elterliche Nähe braucht!

Meine Frau verfügt bis heute über einen reichen Schatz an Märchen – ich kann dies von mir leider nicht sagen! Immer noch ist mein Zugang zur Märchenwelt nur schwach ausgeprägt. Daraus schließe ich, dass mir die Phantasiewelt der Märchen und Sagen in meiner Kindheit weder bekannt war noch mich angeregt oder geprägt hat.

Außer *Schneewittchen* und *Rotkäppchen* könnte ich kaum ein anderes Märchen in seinem Kerninhalt einigermaßen fehlerfrei nacherzählen. Bei meiner Frau würde es hingegen nur so sprudeln! Wenn *mir* bestimmtes Volksgut nahe gebracht worden sein sollte, so wird es vermutlich in der Schule gewesen sein!

An der Belziger- Ecke Eisenacher Straße gab es ein Schreibwarengeschäft.

Dort konnte man Kugelschreiberminen binnen 24 Stunden nachfüllen oder Laufmaschen von Nylonstrümpfen aufnehmen lassen für 7 Pfennige pro Masche. Der Ladeninhaber war kriegsversehrt. Bei ihm habe ich Hefte über *Ivanhoe*, den edlen Ritter, und *Robin Hood* gekauft. Auch *Walt Disneys* Phantasiewelt rund um *Donald Duck* hat mich als Junge beeindruckt! Damals mochte ich noch die Sprechblasensprache.

Ich weiß, dass meine Mutter bis ins hohe Alter sehr gern las, sich als „Leseratte" bezeichnete und viele Bücher von mir ausborgte – aber konkrete Inhalte oder Fragen standen von ihrer Seite aus nie zur Diskussion. Wir waren keine Familie, in der Probleme besprochen oder gewälzt wurden!

Ich habe es außerdem, ehrlich gesagt, weithin vermieden, mit meiner Mutter intensive persönliche Gespräche zu führen, weil sie die Angewohnheit hatte, im Gesprächsverlauf mit bohrenden Fragen, die mir oft unpassend erschienen, alsbald in meinen inneren Haushalt eindringen zu wollen.

Ich glaube, ich war bei meiner Verschlossenheit kein guter und geduldiger Gesprächspartner für sie, der sich mit großer Lust dem jeweils aktuellen Klatsch und Tratsch gewidmet oder bereitwillig seine Gefühle offen gelegt hätte.

9. Gab es Kinderreime oder Lieder, die Du ganz besonders mochtest?

Ich kenne einen Abzählvers: *Eene meene Muh und raus bist Du…!*

Bis zum heutigen Tag kann ich verschiedene Kinderlieder singen, bei denen mir wenigstens vier Zeilen einfallen, so dass ich nicht von Anfang an *la…la* zu singen brauche. *Alle meine Entchen* zum Beispiel oder *Fuchs, Du hast die Gans gestohlen*. Lieder wie *Laterne, Laterne, Sonne, Mond und Sterne* habe ich auch meinen eigenen Kindern später vorgesungen, wenn sie Kummer hatten, am Sankt-Martins-Umzug teilnahmen oder kurz vor dem Einschlafen waren. Von diesen Liedern glaubte ich, dass sie mir noch aus meiner Kindheit im Ohr klangen. Kannte ich sie nun von meiner Mutter oder aus der Grundschule?

Meine Frau ist ein echter Glücksfall; denn sie besitzt ein großes musikalisches Repertoire, aus dem sie gern vorspielt und auch singt! Ja, Letzteres tut sie auch…

Meine Mutter konnte übrigens gut singen und oft hörte ich *Regentropfen, die an Dein Fenster klopfen.* Besonders gern sang sie beim Kochen in der Küche Filmmelodien der 20er und 30er Jahre – aber was ich hier berichte, betraf schon längst nicht mehr meine Kindheit, sondern galt für weit spätere Jahre.

Hat mein Vater je gesungen? Mir vorgesungen? Das ist eher unwahrscheinlich.

Als ich nach meinem Stimmbruch 1957 in die Alt-Schöneberger Kantorei eintrat und im Bass mitsang, glaubte ich Breitseiten seiner inneren Verachtung mir gegenüber zu spüren. Ich denke, er hielt damals Singen und vor allem Chorsingen für Weibersache! In seinen letzten Lebensjahren, als er schon dement war, fand er bei Familienfeiern jedoch Gefallen an unserm vom Klavier begleiteten Singen und klopfte den Takt mit. Meine Mutter hingegen zog sich oft missmutig auf die Terrasse zurück und konnte unserer musikalischen Fröhlichkeit nichts abgewinnen. Schade, eigentlich!

10. War Deine Familie religiös?
Seid Ihr sonntags in die Kirche gegangen?

Meine Mutter war konfirmiert worden, mein Vater hingegen hatte die Jugendweihe erhalten. Er berichtete mir kurz vor seinem Tod in Interviews, sein Vater sei ein bis in die Wolle gefärbter Kommunist gewesen. Vermutlich werden meines Vaters Kriegserlebnisse auch keinerlei religiöse Neigungen in ihm ausgelöst, sondern eher einen Zyniker aus ihm gemacht haben! Krieg, Tod und Verwundung geben nämlich keine Antworten auf die berühmte Sinnfrage!

Weder meine Großmutter noch meine Mutter befassten sich je mit religiösen Dingen. Die Fragen nach Tod und

Sterben wurden von beiden geradezu ängstlich ausgeklammert.

Meine Mutter kochte ausgezeichnet und las die Regenbogenpresse sowie Unterhaltungsliteratur. Sie löste gern Kreuzworträtsel, aber sie war nicht dazu geboren, sich über Himmel und Hölle Gedanken zu machen!

Ich glaube, meine Eltern waren gegenüber meiner eigenen religiösen Anbindung ziemlich ratlos und hielten dies für eine eher merkwürdige Mutation, so nach dem Motto: *„Von mir kann er das aber nicht haben"*!

Als ich zwölf war, ließ ich mir von meinen Eltern das Familien-Stammbuch geben und meldete mich ganz allein und auf mich gestellt im Büro der Kirchengemeinde Alt-Schöneberg zum Konfirmandenunterricht an. Meine Eltern begleiteten mich keineswegs dort hin und zeigten auch gar kein Interesse an meinem Vorhaben. Mich störte dies allerdings wenig.

Den Anstoß zur Anmeldung hatte mein Religionslehrer, Herr Gribkowski („Gribs"), gegeben.

Als Konfirmand von Herrn Kirchenrat Martin Perwitz musste ich pflichtgemäß zur Kirche gehen und eine bestimmte Anzahl von sonntäglichen Teilnahmestempeln sammeln. Später besuchte ich die Gottesdienste jedoch freiwillig – aber nie gemeinsam mit meinen Eltern! Sie waren nun einmal gegen meine kirchlichen Ambitionen eingestellt und ich nahm ihre Haltung als Ausdruck ihrer höchspersönlichen Gesinnung ernst! Sie konnten mich allerdings von meiner Gemeinde nicht trennen; denn diese war *mein* Reich und ich unterließ es im Gegenzug, meine Eltern zu missionieren.

Religiöse und politische Fragen waren in unserer Familie von mir streng zu meidende Tabuthemen. Notgedrungen gab ich vor, mich für Fußball und weitere Sportarten zu interessieren um wenigstens *eine* gemeinsame Kommunikationsebene zu erhalten.

Ich wollte mir mein religiöses Interesse von meinen Eltern weder ausreden noch kleinreden lassen! Die Gemeinde Alt-Schöneberg wurde zu meiner persönlichen Nische und geistlichen Heimat, wo ich meiner Suche nach „Wahrheit" nachgehen konnte. Diese Suche hat nie aufgehört! Hier erkor ich mir Pfarrer Dr. Jürgen Boeckh zum ersten meiner späteren geistigen bzw. geistlichen Väter. Er hat übrigens 1968 meine Frau und mich getraut und später unsere beiden Kinder, Silke und Andreas, getauft.

Mein unaufhörliches Fragen nach Vorletzten und Letzten Dingen hat sich aus mir selbst heraus entwickelt und war immer mit ganz konkreten Aufgaben verwoben. Ich war schon sehr früh Jugendgruppenleiter und Chormitglied. Ich besuchte den Predigtvorbereitungskreis und war im Gemeindeleben verankert. Heute, über siebzigjährig, musiziere ich im Blockflötenensemble und im Kirchenchor der Martin-Luther-King-Gemeinde in der Gropiusstadt. Dort bin ich Lektor. Unter dem Dach der Kirchengemeinde Mariendorf leite ich eine Senioren-Kultur-und Wandergruppe. Ich habe keine Heimatgemeinde, aber ich gehe zur Kirche, wenn immer ich dort eine Aufgabe übertragen bekomme. In meiner eigenen Familie haben wir nie theologische Fragen am Esstisch erörtert und auch nie ein Tischgebet gesprochen. *Religion*, d.h. *Rückbindung (an Gott)*, ist für mich zum Lebensthema überhaupt geworden, aber die Frage, ob ich religiös bin, will ich offen lassen. Meinen christlichen Glauben vermag ich weder zu quantifizieren noch zu qualifizieren.

11. Hatte Dein Vater einen ebenso großen Anteil an Deiner Erziehung wie Deine Mutter?

Wie denn? Ich wurde doch, wie bereits gesagt, im Jahre 1941 geboren, also mitten im Krieg. Viele meiner Altersgenossen waren bereits Waisenkinder. Noch lange nach Kriegsende war der Suchdienst des DRK aktiv und wandte sich zu festen Sendezeiten übers Radio an die Bevölkerung um gemeinsam das Schicksal von vermissten Menschen aufzuklären.

Mein Vater überlebte, aber er hatte die Jahre von 1939 bis 1947 unfreiwillig entweder als aktiver Soldat an der Front, mehrfach im Lazarett oder später als amerikanischer Kriegsgefangener in Frankreich verbracht. Beim Militär gelten seit jeher strenge Hierarchien und man nimmt Befehle entgegen oder erteilt welche. Ohne Diskussion! Mit Befehlsverweigerung oder einer Kommandostruktur, die nicht nach unten durchregiert, lässt sich schließlich kein Krieg gewinnen!

Die ersten sechs entscheidenden Jahre meiner Kindheit war er also unverschuldet abwesend und damit von meiner Erziehung im Wesentlichen ausgeklammert. Was machen da schon ein paar kurze Fronturlaube aus? Seine Eindrücke von mir mussten meiner zwischenzeitlichen Entwicklung notwendigerweise immer hinterherhinken!

Mein Vater war mir fremd, auch wenn es Fotos gibt, die mich als Kleinkind mit meinen *beiden* Eltern zeigen! Nie hatten wir Zeit, uns aneinander zu gewöhnen! Wir waren keine Gemeinschaft, die gemeinsame frühe Erlebnisse wie einen Schatz hüten konnte.

Als er dann 1947 wieder nach Berlin zurückkam, brachte er natürlich die gewohnten autoritären Strukturen des Soldatenlebens mit nach Hause und die hatten ja im Befehlen und Gehorchen bestanden. Das bekam ich zu spüren! Abgesehen von seinen letzten Lebensjahren im

Zustand stärker werdender Demenz, erinnere ich mich an keine Phase in meinem Leben, in der ich nicht Angst vor ihm gehabt hätte und ihm ausgewichen wäre! Er erklärte und begründete wenig und ging kaum auf mich ein. Ich glaube, er hätte gern den Hobel an mir angesetzt!

Der Gerechtigkeit halber möchte ich aber erwähnen, dass meine Cousine Christiane sowie später meine Frau und auch meine Tochter gut mit ihm auskamen und auch heute noch nachsichtig von ihm sprechen.

Vielleicht lag es an uns Beiden, an meinem Vater und mir, dass wir nur wenig Zugang zu einander hatten!

Ich bin in meiner Kindheit wohl vor allem durch meine Mutter geprägt worden. Ich war und blieb ihr einziger Sohn, den es zu umsorgen galt und sie las mir bis in ihr hohes Alter viele Wünsche von den Augen ab oder redete sie mir in ihrer Fürsorglichkeit ein. (*Du musst doch jetzt müde sein und Dich ausruhen wollen!*)

Sie wachte über mich und mein Schicksal mit Argusaugen. Das erschwerte ihr Leben – und meines auch! Sie machte sich meist unnötig Sorgen um mich und ich musste sie oft bremsen, worüber sie wiederum traurig war!

Mein Vater war jähzornig und rechthaberisch und ich frage mich noch heute, was er sich dabei gedacht haben mag, mich, das Kind, zu verprügeln und ständig zu maßregeln und zu bevormunden. Seelische Wunden mögen vernarben, aber sie heilen nie! Haben wir je gemeinsam gespielt oder einen Drachen steigen lassen, miteinander gelacht oder Pläne geschmiedet?

Meine Mutter „bestrafte" mich gelegentlich durch Liebesentzug, indem sie eine Woche lang überhaupt nicht mit mir sprach. Hätte sie doch bloß mit mir, ihrem Kind, geredet und mir erklärt, weshalb sie so sauer war!

Wie wirkt Erziehung? Vorbilder sind in unserem Denken wohl stets mit besonderen Tugenden verbunden. Für mich jedoch ist ein *Vorbild* zunächst ein Bild, das ich vor mir habe. Zählen wirklich immer nur positive Vorbilder? Oder können auch negative bzw. Angst einflößende Vorbilder ihre erzieherische Wirkung haben, indem wir uns kritisch sagen, dass wir niemals so werden wollen wie sie?

Ich plage mich noch heute mit Schuldgefühlen, weil es mir nicht hinreichend gelungen ist, meine Eltern in meine Gedanken- und Lebenswelt einzubinden. Wie schmerzlich muss es für sie gewesen sein, zu spüren, dass ihnen ihr Sohn irgendwie entgleitet? Er war so ganz anders als sie ihn sich gewünscht hatten! Wie er so dachte und sprach, war er gänzlich aus der Art geschlagen!

Ich dagegen wollte mein Innenleben nur allzu oft vor ihnen abschirmen und hüten!

Wenn es stimmt, dass Kinder in ihrer Wesensart und in ihren Emotionen weitgehend von ihren Eltern geprägt werden, dann wird klar, dass wir, die Kinder, wohl oft große Anstrengungen unternehmen müssen um durch Gegensteuern unsern eigenen Weg zu finden. Aber wir haben letztlich die Wahl und es kann sich durchaus lohnen!

12. Was sind die wichtigsten Lebensregeln, die Dir Deine Eltern mitgegeben haben?

Mein Vater war ein grundsolider Dekorateur gewesen und verdiente nach dem Krieg in seinem Zweitberuf als Polsterer- und Tapezierergeselle zeitlebens nur mäßig. Oft arbeitete er „schwarz" nebenbei um unsere Haushaltskasse aufzubessern. Ich erinnere mich, dass er, als er in den 50er Jahren DM 1,32 verdiente, von einem Stundenlohn von DM 5,00 träumte. Als er in Rente ging, verdiente er mit Sicherheit mehr als das Doppelte davon!

„Wer in der Jugend nicht genug lernt, muss bis ins hohe Alter hart arbeiten und bleibt doch arm", pflegte er mir zu sagen. Im Umkehrschluss hieße dies:

Lerne beizeiten genug, um Dir ein auskömmliches Leben zu sichern!

Mein Vater war ein sehr disziplinierter Mann und erfreute sich lange Jahre guter Gesundheit. Ich kann mich nicht erinnern, dass er im Betrieb einmal gefehlt hat. War er während der Berufstätigkeit jemals längere Zeit krank? Wohl eher nicht!
Ich glaube, er hat gern gearbeitet und war beliebt bei seinen Kollegen. Er war mir in dieser Beziehung ein positives Vorbild.
Während meiner Berufstätigkeit als Bankkaufmann und während meines Studiums habe ich selbst auch kaum gefehlt. In meiner 36jährigen Berufstätigkeit am Gymnasium bin ich lediglich an 18 Tagen nicht zum Dienst gegangen, davon 2 Unterrichtswochen wegen eines einwöchigen Krankenhausaufenthaltes und 7 Tagen Schonzeit. Aufgrund meiner freiwilligen Tätigkeiten als ehrenamtlicher Wahlhelfer und als Prüfungsvorsitzender beim Berliner Amt für Lehrerprüfungen hatten sich bei meiner Pensionierung weit über dreihundert „Plusstunden" angesammelt, die mir gar nicht mehr vergütet werden konnten. Das alles klingt nach gewaltiger Angeberei, ich weiß! Durch meinen Vater habe ich jedoch vermutlich einige preußische Sekundärtugenden wie **Zuverlässigkeit und Pflichtbewusstsein** gelernt und beide Eigenschaften sind für mich Ausdruck meiner stillen inneren Lebensfreude! Vielleicht ist mir durch meine Eltern auch die nötige Portion an Gesundheit und Zähigkeit in die Wiege gelegt worden.

Meine Eltern waren 60 Jahre lang verheiratet - und dies sicherlich nicht aus reiner Gewohnheit! Ich war stolz auf die Beiden, weil sie sich einander so lange Jahre **unerschütterliche Treue** erwiesen haben, eine Treue, die auch gegen mögliche Versuchungen resistent war!
Ich habe gelernt, dass es sich auch für mich gelohnt hat, mit großer Treue seit bald 50 Jahren an meiner Frau festzuhalten und sie niemals losgelassen zu haben, weil es mich mit Stolz und einem guten Gewissen erfüllt. Wir haben unser gegenseitiges Treueversprechen nie in Zweifel gezogen. Nur *so* fühle ich mich in meiner Haut wohl!
Meine Frau und deren Familie haben mir manchmal den Schlaf geraubt und Aggressionen in mir freigesetzt, die mich im Nachhinein peinlich berühren und traurig stimmen!
Trotzdem möchte ich immer noch gemeinsam mit ihr uralt werden, auch wenn sie zurzeit im SeniorenHaus Lerchenweg untergebracht ist. Ich besuche sie dort jeden Tag, wir nehmen uns ausgiebig Zeit für einander und verspüren, dass wir zusammengehören.

13. Was gefiel Dir an Deiner Familie am Besten? Welche Erinnerungen lassen Dich noch heute schmunzeln?

Was mir an meinen Eltern gefiel, war am Ende ihre **Geduld** ihrem Sohn gegenüber. Sie waren leidensfähig und haben mich bei all ihrem inneren Unverständnis in Bezug auf meine Berufspläne und meine Wesensart letztlich immer ertragen, sich eingeschränkt und in Verzicht geübt. Es war für mich zugegebenermaßen bequemer und preiswerter, zuhause als in einer WG oder in einer Studentenbude zu wohnen und so zog sich die Annehmlichkeit, seit meiner Kindheit gemeinsam mit ihnen unter einem sicheren Dach zu wohnen und mitversorgt zu werden, von Jahr zu Jahr und viel zu lange hin. Mein Leidensdruck und meine Selbständigkeit waren offenbar längst nicht stark genug um mich frühzeitig von ihnen abzunabeln. Das „Hotel Mama" hatte eben auch seine Vorteile!

Ihre **Opferbereitschaft** und ihr Verzicht auf Lebensqualität zu meinen Gunsten waren bewegend!

Meine Hochzeit im Jahre 1968 war schon eine wichtige Zäsur in meinem Leben und noch heute bin ich dafür dankbar, dass meine Frau damals darauf gedrängt hat, dass wir heiraten und damit eine eigene Wohnung im 15. Stockwerk des Hochhauses in der Mellener Straße 1 in Berlin-Lichtenrade beziehen konnten. Dies war ein wesentlicher Schritt auch zu meiner eigenen Unabhängigkeit! Er kam zwar spät, läutete aber erfüllte Jahre ein!

Meine Eltern und auch meine Schwiegereltern haben ab 1974 bzw. 1976 uns und unseren beiden Kindern gegenüber immer eine vorbildliche **Hilfsbereitschaft** an den Tag gelegt!

Das Verhältnis zu meinen Eltern war eher ambivalent, aber irgendwie bin ich mit mir unzufrieden, weil ich ihnen gegenüber kein Sohn war, der stets devot und loyal hinter ihnen gestanden hätte und für sie bereitwillig durchs Feuer gegangen wäre!

Noch heute muss ich über eine besondere meiner Unarten schmunzeln: wenn immer wir Pflichtbesuche abstatten mussten, fragte ich bereits vor der Hinfahrt, wann wir denn wieder gehen könnten. So viel Aufsässigkeit hat meine Eltern verständlicherweise genervt!

Mein Vater redete meine Mutter stets mit „*Weibchen*" an. Das war sehr liebevoll gemeint. Sie nannten einander zeitweilig auch zärtlich *Hänsel und Gretel* oder gaben sich wechselnde Kosenamen.

Als wir im Jahre 2000 mit dem damaligen Schöneberger Superintendenten Gunter von der evangelischen Kirchengemeinde *zum Heilsbronnen* die Beisetzung meines Vaters besprachen, hatte ich eine mehrseitige Biografie seiner Person aus meiner Feder vorgelegt und unsere Gespräche drehten sich eigentlich gar nicht um die Trauerfeier, sondern um gemeinsame Erinnerungen an die evangelische Jugend in den 50er und 60er Jahren. Meine Mutter, damals bereits stark schwerhörig, saß regungslos dabei und verstand von alledem vermutlich kaum etwas. Als wir uns verabschiedeten, beteuerte sie mit brüchiger Stimme, dass ihr Mann **ein guter Mann** gewesen sei! Ich glaube, manchmal spielte sich *ihr* Leben in Bezug auf meinen Vater und mich zwischen Baum und Borke ab!

14. In welchem Ort oder welcher Stadt habt Ihr gewohnt?
Wie sah Euer Haus aus?

Doppelfrage!
Antwort zur Teilfrage 1: in Berlin-Schöneberg!
Antwort zur Teilfrage 2: Wir besaßen nie ein eigenes Haus, sondern wohnten stets in Mietwohnungen!
Ich bin Urberliner, war vor der Wende wohnhaft in *West*-Berlin, habe ausschließlich in dieser Stadt gelebt und sie nur dann verlassen, wenn ich auf Reisen ging. Im Grunde genommen bin ich „gelernter" Schöneberger. Heute lebe ich in Mariendorf, im Doppelbezirk Tempelhof-Schöneberg. Ich bin also meiner Heimaterde treu geblieben.
Ich habe bis zu meiner Hochzeit stets in Wohnungen vierstöckiger Miethäuser gewohnt: Ebersstraße 39,

Belziger Straße 50 und Heilbronner Straße 29. In der Belziger Straße 50 wohnten wir im 1. Hinterhof, parterre rechts. Etwas muffig war es dort und lichtlos.

Erst als 1974 Silke, unsere Tochter, im Wenckebach-Krankenhaus geboren wurde, zogen wir aus dem 15. Stockwerk des Lichtenrader Hochhauses in der Mellener Straße 1 in eine ebenerdige Maisonettewohnung im Nebelhornweg 13. Hier habe ich mich stets am wohlsten gefühlt, weil hier meine eigene Familie ihren festen Wohnsitz hatte und weil hier unsere Kinder groß geworden sind.

Der Wunsch, ein Haus zu bauen oder eine Eigentumswohnung zu kaufen, war weder meiner Frau noch mir je eine Herzensangelegenheit.

15. Hattest Du ein eigenes Kinderzimmer? Wie sah das aus?

In der Ebersstraße 39 wohnten wir anfangs zu zweit, später dann, ab 1947, zu dritt als Untermieter im Wohnzimmer rechter Hand. Es dürfte dort sehr eng gewesen sein und mit dem geringen Platz musste äußerst ökonomisch umgegangen werden. Küche und Bad mussten wir uns mit der befreundeten Familie *Menzendorf* teilen. Ich kann nicht sagen, ob ich in unserm einzigen Zimmer eine Spielecke hatte. Es ist einfach zu lange her, aber eher unwahrscheinlich!

In der Belziger Straße 50 haben mir meine Eltern das kleinere Zimmer überlassen. Darin befand sich hinten rechts eine Kochnische, in der meine Mutter in einem großen Metallbottich die Wäsche kochte und unser Essen zubereitete. Übers Wochenende musste ich oft ins elterliche Wohn- und Schlafzimmer flüchten, da mein Vater den Platz in meinem Zimmer brauchte, um in Auftragsarbeit Polstermöbel herzustellen. Mein Bett stand rechts der Tür und später hatte ich an der Wand neben bzw. über meinem Bett ein Bücherbrett befestigt. Das Fenster der von einer ursprünglich größeren Wohneinheit abgeteilten Wohnung zeigte zum Innenhof. Der Raum war relativ lichtlos. Allerdings konnte ich durch das Oberfenster einen Ausschnitt des Himmels sehen und somit bestimmen, wie draußen wohl das Wetter sein musste. Es war die Zeit des Kalten Krieges und einmal bin ich Zeuge eines vermutlichen Menschenraubes geworden. Es handelte sich um einen männlichen Bewohner mittleren Alters aus dem Hinterhaus, der da, panisch um Hilfe schreiend, auf Nimmerwiedersehen entführt wurde. Dieses Haus gehörte einem feisten Griechen namens Gerondeanus, der es angeblich nach dem Kriege für ein Fass Butter erworben hatte und gegen dessen dreiste Zudringlichkeiten ich meine Mutter fäusteschüttelnd verteidigte.

Mein Vater hatte mir ein Luftdruckgewehr geschenkt und mich beim Schießen angeleitet. Ich muss damals so ungefähr vierzehn gewesen sein. Als ich einmal in den Ferien allein zu Hause war, schoss ich gegen die Dachrinne im vierten Stock und in eines der offenen Flurfenster. Zum Glück habe ich niemanden getroffen, aber mir sitzt noch heute der Schrecken über diesen Unfug gehörig in den Gliedern!

In der Heilbronner Straße 29 überließen mir meine Eltern das kleinere der beiden Zimmer. 1959 war ich bereits achtzehn und somit längst den Kinderschuhen entwachsen. Hier wohnte ich also ab meinem dritten Lehrjahr bei der Commerzbank. Hier bereitete ich mich auf mein externes Abendabitur vor und hier büffelte ich in den ersten Jahren meiner Studentenzeit an der FU. Es diente im Jahre 1968 meiner Frau und mir als kurzfristige Bleibe, da unser Hochhaus in Lichtenrade erst mit Verspätung fertig gestellt werden konnte.

Als Familie lebten wir gezwungenermaßen stets auf engstem Raum, so dass es kaum individuelle Rückzugsmöglichkeiten gab, wenn einmal „dicke Luft" war. Räumliche Enge macht bekanntlich aggressiv!

17. Was war Dein Lieblingsplatz in Eurer Wohnung?

Irgendwie macht mich diese Frage zornig und traurig zugleich! Unser Zimmer in der Ebersstraße 39 dürfte so ungefähr dreißig Quadratmeter groß gewesen sein. Davon waren schätzungsweise zwei Drittel mit Schränken, Betten, einem Tisch und einigen Stühlen vollgestellt. Rein rechnerisch gesehen, standen mir am Ende vielleicht anteilig drei Quadratmeter Fläche zur Verfügung. Vermutlich habe ich gern auf dem von meiner Mutter gehäkelten Flickenteppich gesessen oder auf einem der Stühle. Vielleicht habe ich auch gern am Fenster gestanden und auf die Straße geschaut. Wer weiß…

In der Belziger Straße 50 war es zweifellos der Platz am Tisch in meinem Zimmer, wo ich bastelte, las, Schularbeiten machte und Erfinder und Enzyklopädist werden wollte. Für heutige Verhältnisse ist es nur schwer vorstellbar, in welcher Bescheidenheit und räumlichen Enge wir damals gewohnt haben!

Ob allerdings meine späteren Schüler als Kinder der Zehlendorfer Überflussgesellschaft sehr viel glücklicher gewesen sind als ich in der Zeit des Mangels, wird eine offene Frage bleiben!

Wenn mich etwas besonders geprägt hat, dann war es der **Zwang zum Verzicht**. Ich habe mir nie Luftschlösser ausgemalt oder auf einen Lottogewinn gewartet!

18. Hast Du Deine Großeltern noch kennen gelernt?
   Wie hießen sie?
   Hast Du sie oft besucht?

Mein Großvater väterlicherseits, Alex Hembd, starb 1924.
Mein Großvater mütterlicherseits, Fritz Bergwald, starb 1934.
Glücklicherweise sind sich die Beiden nie begegnet; denn der eine war nach Aussagen meines Vaters ein eingefleischter Kommunist, der andere ein SA-Mann!
Meine Großmütter hießen beide *Margarethe* mit Vornamen.
Margarethe Hembd geborene Rolack blieb bis zu ihrem Tod Witwe.
Margarethe Bergwald geborene Böhm heiratete nach ihrer Scheidung Otto Henseleit und nahm dessen Namen an.
Ich hatte also zwei „echte" Großmütter und einen Stief-Großvater (falls es diese Bezeichnung überhaupt gibt).

Margarethe Hembd (Oma „Biesdorf") besaß einen Garten in der Schackelster Straße in Biesdorf. Dort habe ich ihr in den 50er Jahren gelegentliche Pflichtbesuche abgestattet; nämlich immer dann, wenn meine Eltern zu ihr fuhren. Irgendwann, in der Belziger Straße 50, wollte diese meine Großmutter mich einmal verhauen. Wieder einmal angedrohte Schläge als probates Erziehungsmittel! Wir rannten in einer wilden Verfolgungsjagd mehrmals um den Tisch in „meinem" Zimmer herum, aber sie war glücklicherweise langsamer als ich und gab, als ihr die Puste ausging, am Ende wutentbrannt auf! Wie sich doch bestimmte Bilder einprägen!
Wir waren nun einmal kein „Herz und eine Seele"!

Margarethe und Otto Henseleit habe ich oft und gern und freiwillig besucht. Meine Oma mütterlicherseits hat ihre Lebensernergien ganz stark mit meinem persönlichen Werdegang verknüpft. Sie wollte leben, bis ich konfirmiert würde; später dann bis zu meiner Hochzeit; weiterhin bis zu meinem Zweiten Staatsexamen und schließlich bis zu Silkes Geburt. Sie hat unsere Tochter noch kennen gelernt, verstarb aber noch im selben Jahr.

19. Was sind Deine liebsten Erinnerungen an Deine Großeltern?

Margarethe Henseleit lebte mit ihrem Mann in einem primitiven Haus mit Handpumpe und Plumpsklo im Hermsdorfer Weg 58 in Wittenau. Dort war ich gern und bin oft auch allein hingefahren. Gelegentlich habe ich dort auch übernachtet, vor allem einmal, als ich mit nacktem Oberkörper samt meiner Schubkarre in die Brennnesseln gefallen war und drei Tage lang entsetzlich zu leiden hatte. Der Kontakt dorthin ist auch in späteren Jahren nie abgerissen. Allerdings war die Fahrt mit dem Autobus A 21 vom Amtsgericht Charlottenburg bis zum Wilhelmsruher Damm für mich stets eine Quälerei, weil ich im Bus – und besonders auf dem Oberdeck – ständig „seekrank" wurde.

Stief-Großvater Otto Henseleit, ein ostpreußischer „Kleiderschrank", war sehr trinkfest und zugleich sparsam und meiner Cousine Christiane und mir gegenüber trotzdem immer ausgesprochen großzügig; denn er schenkte ihr und mir jedes Mal eine Fünf-Mark-Münze. Aber ich bin nie wegen des Geldes hingefahren, sondern weil ich dort gern war und so sein durfte, wie ich nun einmal war.

Er war Dreher von Beruf gewesen und nach dem Kriege Pförtner in den Karl-Bonhoeffer-Heilstätten. Dort oblag es ihm, auch den anstaltseigenen Kartoffelacker zu bewachen. Noch heute frage ich mich, weshalb wir an Kartoffeln nie Mangel litten. Eines Tages hatte er eine fürchterliche Platzwunde an seinem kahlen Schädel. Eine durchgeknallte Anstaltsbewohnerin hatte ihn in der Nacht hinterrücks niedergeschlagen.

Er hat mir meine Schaukel gebaut und ein Sitzbrett in den Kastanienbaum genagelt. Er hat es mir zugetraut, einen Teil der linken Gartenhälfte selbständig zu bestellen. Dieses Vertrauen hat mein Selbstbewusstsein enorm gestärkt.

Ich glaube, ich habe von meiner Großmutter („Oma Wittenau") meine stoischen Gene geerbt. Ich kenne sie nur als die *Leidende*, deren Bewegungsfähigkeit aufgrund ihrer rheumatischen Beschwerden ständig abnahm, so dass sie ihr letztes Lebensdrittel im Rollstuhl sitzen musste. Sie war dennoch immer heiter und geduldig. Nichts konnte sie aus der Ruhe bringen. Sie konnte herzlich lachen und ich habe sie einfach lieb gehabt!

20. Was für eine Bedeutung hatte Deine Verwandtschaft für Dich?

Meine Sympathien lagen eindeutig bei meinen Verwandten mütterlicherseits. Meine Görlitzer Großtante und deren Nichte haben meine Mutter und mich in den Tagen des Bombenhagels uneigennützig in Görlitz aufgenommen. Dort waren wir in Sicherheit, was man von Berlin ja nicht sagen konnte. Die Görlitzer Tanten hatten eine eindeutige *Schutzfunktion*. Noch heute verspüre ich eine starke gefühlsmäßige Nähe zur Stadt *Görlitz*.

Vom Bruder meiner Mutter, Heinz Bergwald, fühlte ich mich vor allem als Jugendlicher immer verstanden. Er konnte ausgezeichnet zuhören und diskutieren und tat meiner jugendlichen Seele einfach gut. Er war sozusagen

das berühmte *Vorbild* und das Gegenprogramm zu meinem Vater, mit dessen Unberechenbarkeit und Jähzorn sowie seiner mir unverständlichen Rechthaberei ich nicht klarkam. Ob mein Vater es gern gesehen hat, dass ich mich mit *diesem* Onkel so gut verstand?
Ich habe meinem Onkel meine Zuneigung ihm gegenüber in den Jahren vor seinem Tode mehrmals nachträglich bewusst gemacht – und es hat ihn sehr gerührt!

Es mag ungerecht erscheinen, dass ich gegenüber den Verwandten väterlicherseits immer ziemlich reserviert war. Vielleicht hatten sie umgekehrt aber auch ihre Schwierigkeiten mit mir; denn ich war wohl eher ein schwieriger Patient!

1. Gab es bei Euch früher regelmäßige
   Familienzusammenkünfte?
   Wie oft fanden die statt?

Es ist nicht so, dass sich in unserer Familie kreuzweise alle gut verstanden hätten!
Mein Vater hatte sich in seiner Jugend im Vergleich zu seiner Schwester von seinen Eltern immer zurückgesetzt gefühlt. Er war der „Sohnemann" gewesen, der so manches Mal gegen die Hand seiner Mutter lief! Seine große Schwester hatte einen Friseurmeister geheiratet, der meinen Vater für einen beruflichen Versager hielt, da letzterer so wenig verdiente und jeden Pfennig umdrehen musste. Mein Vater fühlte sich ihm gegenüber als *„underdog"*. Diese herabwürdigende Einstellung sollte später zu ernsten Zerwürfnissen führen.
Die Schwester meines Vaters war keineswegs die personifizierte Unschuld, was ihr wiederum mein Vater nachtrug.

Für meine Großmutter väterlicherseits („Oma Biesdorf") war meine eigene Mutter als Schwiegertochter anfangs nicht die erhoffte Wunschkandidatin gewesen, weil an ihr nicht „genügend dran" gewesen sei. Sie hätte Leni Hille, einer Freundin meiner Mutter, den Vorzug gegeben.

Oma Biesdorfs Vorliebe galt eher ihrer Neuköllner Familie, also ihrer Tochter, und weniger den Schönebergern, also uns. So jedenfalls habe ich es empfunden.

Mein Vater seinerseits hatte emotionale Vorbehalte gegen den Bruder meiner Mutter, meinen oben erwähnten Lieblingsonkel. Vor allem war sein Verhältnis zu dessen erster Frau spürbar unterkühlt.

Es ist eine offene Frage, ob er meinen Wittenauer Stief-Großvater wirklich in sein Herz geschlossen hatte. Otto Henseleit jedenfalls stieß bei meiner Mutter und bei meinem Onkel, den leiblichen Kindern von „Oma Wittenau", auf eine tief empfundene Abneigung. Ich hingegen habe ihn trotz seiner polternden Art gemocht!

Regelmäßige Familienzusammenkünfte führten stets zu erheblichen Fahrgeldkosten, die meine Eltern vermutlich oft nur mit Mühe aufbringen konnten und gern eingespart hätten. Geschenke und Mitbringsel kosteten ebenfalls Geld.

Außer der Friseursfamilie Reismann in Neukölln besaß niemand ein Telefon, so dass Verabredungen mehr oder weniger meist umständlich mit der gelben Post oder lange im Voraus getroffen werden mussten.

Familienzusammenkünfte waren nach meinem Empfinden immer eher Pflichtbesuche als eine Herzenssache. Bei meiner Konfirmation traf sich 1955 in der Belziger Straße

50 eine Gästeschar, wie ich sie bei uns in dieser Größe vorher nie erlebt hatte!

Ererbte alte Fotos zeigen, dass es im Krieg in Biesdorf zumindest *ein* größeres Familientreffen gegeben hat. *Wer* sich aber *wann* sah, hing mit Sicherheit immer auch vom Fronturlaub der Soldaten in unserer Verwandtschaft ab und zwischen 1945 und 1947 ließ sich von Familienzusammenkünften sowieso kaum sprechen, da bis dahin mein Vater fehlte. Ob meine Mutter in dieser Zeit enge Kontakte zu ihrer Schwiegermutter pflegte, kann ich nicht sagen.

Eine Reise nach Biesdorf war im Übrigen angesichts der politischen Verhältnisse auch eine Fahrt in ein von den Sowjets besetztes Land!

Ich möchte folgende These wagen:
Wir waren uns als Verwandte innerlich fremd, obwohl wir Zusammengehörigkeit demonstrierten.

22. Und worüber wurde dann gesprochen?
Gab es auch Themen, über die nicht geredet werden durfte?

Mit Sicherheit übers Wetter und wie die Anfahrt gewesen sei.
Im Ernst, diese Frage ist nur differenziert zu beantworten.
Zunächst möchte ich die ersten sechs Jahre meines Lebens bis 1947 betrachten:
Natürlich kann ich mich nicht daran erinnern, worüber die Erwachsenen gesprochen haben. Aber wir müssen uns klarmachen, dass bis 1945 der 2.Weltkrieg tobte. Sowohl mein Vater als auch Onkel Heinz Bergwald und Onkel Wilhelm Reismann („Willi") waren Frontsoldaten und damit aktive Kriegsteilnehmer. Ich möchte davon

ausgehen, dass jeder Angst davor hatte, dass die Wände Ohren haben könnten und dass deshalb detaillierte und keineswegs immer rühmliche Kriegserlebnisse ausgeklammert wurden, vor allem wehrkraftzersetzende Berichte jeglicher Art. Ich erinnere mich, dass meine Mutter einmal in Görlitz lautstark zusammengestaucht wurde, weil sie auf dem Polizeirevier ihren Arm *nicht* zum Hitlergruß erhoben hatte. So war das damals!

Meiner Mutter waren bis zu ihrem Tod im Jahre 2010 keinerlei Angaben zu entlocken, was sie so alles auf der Flucht mit mir von Görlitz durch Wald und Feld nach Westen via Dresden erlebt hatte. Ich schätze, sie war in dieser Hinsicht traumatisiert und mir fällt bei diesem Thema das Gemeinschaftsgrab auf dem Gelände des ehemaligen Rittberg-Krankenhauses ein, in dem auch von russischen Soldaten geschändete deutsche Frauen ihre letzte Ruhe gefunden hatten.

Über einen bestimmten persönlichen Fehltritt in unserer Familie – und diese vage Andeutung möge genügen – wird mit Sicherheit eisern geschwiegen worden sein.

In der späteren SBZ war in vielerlei Beziehung sowieso Schweigen geboten. Einer der Nachbarn von „Oma Biesdorf" war erklärter kommunistischer Parteigänger. Meine Großmutter war also ständig vor ihm auf der Hut! Nur nichts Falsches sagen! Ich kann mir deshalb nicht vorstellen, dass in den 50er Jahren draußen in Biesdorf in irgendeiner Weise politisiert wurde –zumindest nicht laut und allenfalls hinter vorgehaltener Hand in der sicheren Wohnstube.

Irgendwie hatte ich das Gefühl, dass sich meine Anverwandten gern über ihren Beruf und ihren beruflichen Erfolg definierten. Da gab es Gewinner und Verlierer. Vom heutigen Standpunkt aus erscheint mir diese

Bewertung menschlicher Lebensleistung recht fragwürdig; aber wer erkennt schon wertfrei an, dass in einer arbeitsteiligen Gesellschaft immer noch *jede* ehrenhafte berufliche Tätigkeit ihren eigenen Stellenwert hat?

Ich bin sicher, dass sich mein Vater oft als Versager fühlte, auf den verächtlich herabgeschaut wurde.
Ich denke, solange wir uns ständig miteinander vergleichen und dabei am materiellen Erfolg messen, tun wir Unrecht und graben einander das Wasser ab!
Aufgrund vielfältiger persönlicher Animositäten in unserer Familie gab es manches Treffen, das in gereizter Stimmung verlief und langen Ärger und ewige Narben mit sich brachte.

23. Gab es auch „besondere" Verwandte?
Zum Beispiel jemanden, der ein schwarzes Schaf oder der sehr bekannt war?

Mein Onkel (Heinz) mütterlicherseits war Buchhalter bei verschiedenen Arbeitgebern. Er erzählte mir, dass mein Vater lange auf ihn herabgeblickt habe, da er den praktischen Nutzen seiner Arbeit nicht habe sehen wollen.

Otto Henseleit, ich rief ihn „Opa", wäre von meiner Mutter und meinem Onkel so gern als „Vater" tituliert worden. Manchmal nannte ich ihn „Ottak". So bezeichnete er sich nämlich gelegentlich selbst. Otto Henseleit galt als ungehobelt. In meinen Augen hatte er ein großes Herz und sorgte aufopfernd für meine Großmutter. Diese wiederum fühlte sich von ihm oft bevormundet. Jenes Gefühl des Ausgeliefertseins lässt sich mit ihrer Abhängigkeit von der Hilfe der Anderen erklären. Wann war *sie*, die keinen eigenen Beruf hatte, denn je in der Lage gewesen, ein selbstbestimmtes Leben zu führen?

In der väterlichen Verwandtschaft gab es einen Bruder von „Oma Biesdorf", den „Onkel Willi", den Rixdorfer Marktschreier. Seltsamerweise habe ich seine Stimme und seine Ausdrucksweise noch heute so ungefähr im Gehörgang. Ich fühlte mich nie sonderlich zu ihm hingezogen, weil er mir viel zu laut und den Anderen zu ordinär erschien.

Meine beiden echten Großväter müssen auf ihre eigene Weise sehr jähzornig gewesen sein. Dasselbe galt auch für meinen Vater, wobei ihn meine Cousine Christiane durchaus gern zum Vater gehabt hätte. Hätten wir unsere beiden Väter ausgetauscht, so bleibt freilich die spannende Frage bestehen, ob wir denn auf Dauer die ständige Nähe zu ihnen besser überstanden und ausgehalten hätten als umgekehrt!

24. Hattest Du einen Lieblingsverwandten?
Wer war das – und warum?

Wie muss ein Mensch überhaupt beschaffen sein, damit wir uns in seiner Nähe wohlfühlen?
Er muss Empathie empfinden können!
Er muss fair sein und uns das Gefühl geben, auch einmal auf unserer Seite zu stehen, ohne sich jedoch gleich anzubiedern! *Vorwürfe* müssen für ihn ein Fremdwort sein!
Er darf uns niemals verraten!
Er muss gut und geduldig zuhören können!
Er darf sich nicht für vollkommen halten und muss uns unsere Fehler verzeihen können!
Er muss lachen können und humorvoll sein!
Großzügigkeit und Gelassenheit wären nicht schlecht!
Diese Palette von Eigenschaften ließe sich beliebig erweitern und ist gewiss Ausdruck eines hohen

Anspruchsniveaus. Sicherlich ist sie aber in ihrer Gesamtheit ein unerreichbares Ideal!

Meine Großmutter mütterlicherseits („Oma Wittenau") und deren Sohn, Onkel Heinz, waren mir, wie schon gesagt, in besonderer Weise ans Herz gewachsen, weil sie viele der oben genannten Eigenschaften in sich vereinten, ohne jedoch „perfekt" zu sein. Sie selbst hätten es vermutlich zurückgewiesen, in dieser Form idealisiert zu werden. Aber wenn es möglich wäre, so würde ich gern noch einmal einen Tag gemeinsam mit ihnen verbringen! Wenigstens einen!

25. Wie wurde früher Dein Geburtstag gefeiert?

Ehrlich gesagt, ich weiß es nicht mehr!

Meine Frau war unübertroffen, wenn es darum ging, die Geburtstage unserer beiden Kinder vorzubereiten und zu feiern. Oft kam es mir so vor, als würde sie das ganze Jahr auf diese Tage hinfiebern. Solch einen Stellenwert hatten meine eigenen Geburtstage mit Sicherheit nie – weder für mich noch für meine Eltern!
Haben mir, als ich selbst Vater war, eigentlich turbulente Geburtstage und eine bunt geschmückte Wohnung und ein Garten voller glücklicher Kinder beim Eierlaufen sehr viel bedeutet oder mich eher in meinem Ruhebedürfnis gestört? Ja, ich bekenne mich schuldig!
Ich glaube, ich musste als Kind von früh an notgedrungen auf manches verzichten, besonders auf teure Geschenke und vor allem auf solche, die viel Platz in Anspruch nahmen.
Als wir in der Belziger Straße 50 wohnten, besaß ich einen Tretroller aus Holz. Mein erstes Fahrrad, eine

Dreigang„maschine", erhielt ich 1955, gekauft bei der Firma Schipke in der Schöneberger Hauptstraße.

Wenn ich je eine Geburtstagsgesellschaft hatte, so gehörten auf gar keinen Fall Mädchen aus meinem Freundeskreis oder meiner Schulklasse dazu. Mädchen nämlich gehörten zu jener Spezies, die ich erst sehr spät entdeckte! Möglicherweise waren allerdings meine Cousinen eingeladen worden.

Natürlich erhielt ich an meinen Geburtstagen von meinen Eltern Geschenke! Sie gratulierten mir vermutlich mit Handschlag und stellten fest, dies sei ein besonderer Tag. Noch heute ist es mir unangenehm, im Mittelpunkt zu stehen und Geschenke entgegen zu nehmen oder mich für Selbstverständlichkeiten belobigen zu lassen. Ich bin es von früher einfach nicht gewohnt, besonderen Zuspruch zu erfahren und sehe darin auch noch heute keine zwingende Notwendigkeit. Glücklich bin ich, wenn mich andere Menschen mit ihrem Vertrauen und mit ihrer Zuneigung belohnen.

Mache ich selbst anderen Menschen gern Geschenke?

Meine Mutter war einmal bitterlich enttäuscht, als ich ihr – wie immer praktisch denkend – zum Geburtstag stolz einen Aufwischlappen auf den Gabentisch legte. Ich bekenne mich schuldig: meinen Geschenken fehlt es bis heute oft an Ideenreichtum!

Wie bewundere ich da meine Frau, die monatelang vorher Geschenke stapelt und sich Gedanken darüber macht, wie sie ihre Lieben erfreuen kann! Allein ihre Großzügigkeit und ihre Freude an der Freude der Anderen wäre ein guter Grund, sie ständig zu umarmen!

Seit einiger Zeit wohnt sie – hoffentlich nicht für immer – im SeniorenHaus Lerchenweg, wo ich sie jeden Tag besuche. Jeden Tag, weil ich Sehnsucht nach ihr habe! Von Zeit zu Zeit stecke ich ihr Taschengeld zu. Was tut sie damit? Sie kauft davon im Ein-Euro-Shop Geschenke für ihre Nächsten. Immer für die Anderen! Wer könnte nicht verstehen, dass mich das zutiefst berührt? Selten nur denkt sie an sich und ist mir in ihrer Haltung ein Vorbild geworden.

Eines steht fest: meine Eltern haben stets fürsorglich an mich gedacht und, wenn ich ehrlich bin, so hat es mir letztlich materiell an nichts gemangelt!

Es war für mich ergreifend, zu hören, dass sich meine Mutter als Scheidungskind zu ihren Geburtstagen nichts sehnlicher wünschte als eine Tüte mit Kokosflocken!

Ach, hätte ich doch später die Möglichkeit gehabt, ihr nachträglich zu einer glücklichen Kindheit zu verhelfen!

26. Wie habt Ihr Weihnachten gefeiert?

In einem meiner Bücher (*Dem Geheimnis der Weihnacht auf der Spur*) habe ich berichtet, wie mein Vater nach seiner Rückkehr aus der Kriegsgefangenschaft in unserm Zimmer in der Ebersstraße 39 einen Weihnachtsbaum zusammenbastelte, indem er in einen alten Besenstiel Löcher bohrte und in diese Tannenzweige steckte – die längeren unten, die kürzeren oben.

Ich erinnere mich außerdem, dass meine Eltern bis zum Tode meines Vaters im Jahre 2000, also vermutlich bis 1999, Weihnachtsbäumchen in ihrer Wohnung in der Heilbronner Straße 29 hatten. Diese waren wohl des Öfteren in Töpfe eingepflanzt. Meine Eltern dachten da ganz praktisch. Die Größe der elektrischen Kerzen wurde jeweils der Größe des Weihnachtsbäumchens angepasst. Rückschließend erscheint mir die Feststellung wichtig, dass sie auf Weihnachtsbäume und auf häusliche weihnachtliche Stimmung stets Wert legten.

Wir haben unsere eingepackten Geschenke einander überreicht, ausgepackt, begutachtet, „Danke" gesagt und eventuell noch längere Zeit näher betrachtet – Bücher zum Beispiel. Nie war es so, dass die Emotionen überschwappten. Weihnachten entsprach eher einem kalendarischen Ereignis in der lichtlosen Jahreszeit. Möglicherweise erklangen zum Zuhören aus dem Radio Weihnachtslieder, aber ich kann's nicht beschwören. An den Weihnachtsfeiertagen hatten wir vermutlich Besuch oder statteten selbst Besuche bei Verwandten ab.

Als ich nach meiner Konfirmation und nach meinem Stimmbruch Mitglied der Alt-Schöneberger Kantorei wurde, sang der Chor regelmäßig in Christmetten, aber ich kann mich nicht daran erinnern, dass wir zu Weihnachten als Familie je in der Kirche waren. Meine Mutter mochte keine Menschenansammlungen und meinem Vater bedeutete es weltanschaulich eh nicht viel.

27. Wie habt Ihr Sylvester und Neujahr gefeiert?

Ich habe, was meine Kindheit betrifft, keine genaueren Erinnerungen mehr an unsere Feiern zur Jahreswende. Vermutlich haben meine Eltern ab 1947 mit der Familie Menzendorf in deren Zimmer in der Ebersstraße zusammengesessen und mich derweil ins Bett geschickt. Zu allen Zeiten haben Menschen gegessen und getrunken und auch lauthals gefeiert – damals jedoch mit Sicherheit, der Not geschuldet, einige Nummern kleiner als heute!

Es gibt einige Fotos, die zeigen, dass wir später, als ich Jugendlicher bzw. Heranwachsender war, Ende der 50er oder Anfang der 60er Jahre zu Sylvester mehrmals mit Bahn und Bus zur Familie *Nölte* in die Margarethenstraße am S-Bahnhof Lichterfelde-West gefahren sind. Umgekehrt dürften Nöltes auf demselben Wege jeweils im darauf folgenden Jahr auch zu uns gekommen sein. Mit Sicherheit wurde dann großzügig aufgetischt. Da stets viel Alkohol floss, dürften wir schwankend und beschwipst mit der BVG wieder nach Hause gefahren sein; vermutlich mit dem Nachtbus der Linie A 48 bis Innsbrucker Platz und dann mit der U-Bahn bis zum Bayerischen Platz. An irgendwelche konkreten Gesprächsinhalte kann ich mich nicht mehr erinnern. Da mein Vater und Paul Nölte jedoch beide bei der amerikanischen Besatzungsmacht arbeiteten, hatten sie sicherlich jede Menge gemeinsamen Gesprächsstoff. Die Nöltes mochten mich und ich sie auch! Allerdings ließ ich mich nur ungern ausfragen und hielt mich in Gesprächen zurück.

Raketen und Kracher zum Jahresausklang haben mir übrigens noch nie viel bedeutet. Sie sind mir bis heute eher unheimlich und viel zu laut!

Besuche bei Verwandten und Familienfreunden verursachten stets ein logistisches Problem. Keiner von uns dreien hatte einen Führerschein und demzufolge stand auch kein Auto vor der Tür. Wir waren immer auf öffentliche Verkehrsmittel angewiesen und da wir kein Telefon hatten, waren spontane Verabredungen ohnehin nie möglich.

Mir sind manche Fragen nach meiner Kindheit und Jugend irgendwie unangenehm, weil sie zeigen, wie brüchig mein Gedächtnis ist und weil ich mit meinen Eltern wirklich nur dann gemeinsam unterwegs war, wenn es sich nicht vermeiden ließ. Ich bin überdies jemand, der nur mäßig gerne feiert und vermutlich haben mich die Anderen damals zu Recht als einen wenig geselligen Typen und Spaßkiller eingeschätzt. Wenn immer ich das Gefühl habe, dass in Gesellschaft „alles gesagt" ist, beginne ich mich stets zu langweilen. Diese „Zeit der Unruhe" beginnt bei mir sehr oft nach etwa drei Stunden des Zusammenseins.

28. Wenn Du zurückblickst, was fandest Du an der Zeit, als Du aufwuchst, am schönsten?

Die Schaukel in Opa Henseleits Garten in Wittenau! Hopse und Kreisel und mit Murmeln spielen in der Belziger Straße!
Später waren es verschiedene selbstgewählte Neigungsgruppen wie die Bastelstube bei Herrn *Morgner* in der Schöneberger Hauptstraße. Mein Schlüsselbrett mit dem Berliner Bären als Laubsägearbeit zeugen von jener Zeit.
Dazu gehört meine spätere Mitgliedschaft in der Alt-Schöneberger Kantorei.
Ab 1955 war ich gern mit dem Fahrrad unterwegs, aber ich kann mich nicht mehr daran erinnern, wohin die Reise damals im einzelnen ging. Gelegentlich bin ich wohl auf den Radwegen des Hohenzollerndamms bis hin zur Clayallee gefahren und dann vermutlich in den Grunewald abgeschwenkt.
Meine schulischen Erfolge ließen mich von Anfang an ruhig schlafen. Ich brauchte daher nie Angst zu haben vor Klassenarbeiten.
In der Grundschulzeit hatte ich zwei Schulfreunde: *Rüdiger Weiß* und *Bernd Doefke*. Mit ihnen war ich gern zusammen. Ob sie noch leben?
Gern habe ich auf der Klampfe gespielt und aus der Zeit in der evangelischen Jugend kenne ich noch einen reichen Liedschatz. Ich hatte das Klampfespielen bei der Schwester von *Heinz zum Bansen* gelernt. Ich glaube, sie war katholische Pfadfinderin. Heinz alias *Jimmy* war einer meiner Klassenkameraden in der Oberschul-Zeit.

29. Was fandest Du am wenigsten schön?

Mein Vater wollte einen kernigen Mann aus mir machen und schickte mich zwangsweise in den SSV Schöneberg. Dort drehten wir an den Übungstagen schwimmend unsere Runden in den abgeteilten Bahnen. Für mich waren es sture Pflichtübungen, weil ich schon damals kein Gespür für Leistungssport hatte.
Ich vermisste von Seiten meines Vaters menschliche Anerkennung, Wärme und Verständnis. Physische Nähe zu ihm war mir bis zuletzt wenig angenehm.
Ahnte er überhaupt, wie oft ich wegen meines Namens gehänselt wurde? Erst viel später erfuhr ich, woher unser Name kam, nämlich aus dem Flandrischen. Er hieß im Mittelalter *hämete,* das war ein Kornmaß. Mein Name lässt sich sehr weit zurückverfolgen – bis ins 13. Jahrhundert! Heute bin ich stolz auf ihn, schon weil er so selten ist!
Konnte sich mein Vater vorstellen, unter welchen Minderwertigkeitskomplexen ich litt, weil ich Bettnässer war? Nicht zuletzt deswegen waren die Mädchen in meinen Schulklassen für mich unerreichbar!
Na klar, er wusste es und vermutlich war er schon deshalb wenig stolz auf mich, weil er sich mit Sicherheit für seinen Sohn schämte und mich für ein schwarzes Schaf hielt.
Mit großem Missmut betrachtete er meine Mitgliedschaft in einer evangelischen *Jungen*gruppe. Ich gebe zu, dass mir gemischte Gruppen und Koedukation seit langem behaglicher sind, aber wir konnten in den 50er Jahren nicht der Entwicklung der 70er Jahre vorausgreifen!
Manchmal mag es ja eine geraume Zeit dauern, bis die Weichen hin zur partnerschaftlichen Orientierung richtig gestellt sind, aber aus mir ist immerhin ein leidlicher Ehemann geworden, der zuversichtlich auf die Goldene

Hochzeit zusteuert und in Hinsicht auf seine Rolle als Vater und Großvater guten Gewissens in den Spiegel blicken kann!

30. Welche Familientraditionen würdest Du gerne wieder aufleben lassen?

Wenn etwas tradiert wird, dann wird es weitergegeben – nämlich von einer Generation zur nächsten. Das können z.B. Bräuche oder Gewohnheiten oder Anschauungen und mündlich Überliefertes sein. Bei Bräuchen denke ich an Brauchtum und da fallen mir spontan die sorbischen Trachten ein. Bei meinem Freund Erwin ist es Brauch, ein Tischgebet zu sprechen.
An der Familie meiner Frau schätzte ich damals z.B. das gemeinsame Musizieren, die Freude am Volkstanz, das fröhliche Kartenspiel oder Ausflüge ins Grüne.
Meine Frau war unschlagbar in ihrem sozialen Einsatz für andere Menschen und hat sich dabei leider total verausgabt. Sie war glücklich, wenn wir zu Hause viele Gäste hatten, die sie bewirten konnte.
Bei Standardtänzen waren wir oft das erste und einzige Paar auf dem Parkett und im Kirchenchor und im Blockflötenkreis haben wir lange Zeit gemeinsam musiziert – aus alter Tradition, sozusagen. Zu Silvester „mussten" wir Blei gießen und kein Geburtstag durfte gefeiert werden ohne dass Kerzen mit aufgedruckten Zahlen zur Angabe des inzwischen erreichten Alters brannten.
Unsere Familie ist leider sehr klein geworden, aber ich bin stolz auf unseren Zusammenhalt. Den Hang zum sozialen Engagement, zum Sich-Kümmern, haben wir an unsere Kinder weitergegeben.
Ich koche gern und experimentiere dabei ständig, weil ich noch so viel lernen muss!

Gern bewirte ich meine Gäste und wenn wir zusammenkommen, dann versuche ich die gemeinsamen Stunden unterhaltsam zu gestalten – ganz im Sinne meiner Frau.
Es sollten alle jene Traditionen weitergegeben werden, die familiären Frieden stiften, Freundschaften festigen, Erfüllung bringen und einfach Spaß machen!

31. Welchen Rat würdest Du jeder Familie geben?

Wenn es stimmt, dass ein Blatt an Erfahrung mehr zu vermitteln vermag als ein ganzer Baum guter Ratschläge, dann wird klar, wie wenig allerlei Rat*schläge* offenbar fruchten.
Ich denke immer wieder an die römische Weisheit, dass uns alles, was wir sagen und tun, uneinholbar voraus fliegt. Was geschehen ist, ist geschehen – unumkehrbar!
Unsere Vorfahren werden daher nachträglich weder besser noch schlechter als sie es zu Lebzeiten waren!
Es erscheint mir wichtig, dass wir tagtäglich vorausschauend denken und für das, was wir tun und lassen, zu haften bereit sind. Es ist die *Achtsamkeit* gegenüber uns selbst und anderen Menschen, die zählt!
Schon in jungen Jahren hatte ich den Wunsch zu heiraten und eine Familie zu gründen. Nie wollte ich Single bleiben oder ins Kloster gehen! Irgendwo auf der weiten Welt musste es doch auch eine Frau für mich geben! In mir lebte also das von meinen Vorvätern ererbte Grundmuster der Familie, bestehend aus Vater, Mutter und am besten zwei Kindern. Diese Familie sollte gesund und fröhlich und zufrieden irgendwo ungestört und komfortabel wohnen und nicht jeden Pfennig umdrehen müssen.
Die große Familiensymphonie ohne jegliche Dissonanzen wird es allerdings niemals und nirgendwo geben!

Familie *kann* gelingen, *muss* aber nicht! Sie muss allemal positiv *gestaltet* werden! Man kann jedoch zufällig blutsverwandt sein und sich dabei unendlich fern stehen! Mit zunehmendem Alter versuche ich mich nur noch mit Menschen und Dingen abzugeben, von denen ich glaube, dass sie mir gut tun! *Familie* wird erst dann zum sicheren Hafen, wenn sich alle guten Willens gegenseitig ertragen und halten!
Lass Dir meine Wunschvorstellungen zur Nachahmung genügen und daran arbeiten!

32. Was magst Du heute am liebsten an Deiner Familie?

Mir gefällt das enge gefühlsmäßige Band, das uns miteinander verknüpft. Wir können uns aufeinander verlassen, wobei wir einander brauchen!
Streng genommen, sind es ja nur noch fünf Personen, verteilt auf drei Generationen, die augenblicklich zu unserer Familie zählen. Mir gefällt, dass wir einander niemals losgelassen haben, sondern uns gegenseitig Halt geben und das, was uns grenzenlos herausfordert und dauerhaft bekümmert, gemeinsam auszuhalten versuchen.

33. Hat sich in der Zwischenzeit viel verändert in der Art, wie man als Familie miteinander umgeht?

Von welcher Zwischenzeit ist hier die Rede? Ist es der Zeitraum der letzten 70 Jahre von, sagen wir, 1940 bis 2010?
Verallgemeinerungen sind stets im Vorhinein schon falsch und im Wörtchen *man* steckt eine Verallgemeinerung! Andererseits kennt die Soziologie die Verallgemeinerung durchaus als wissenschaftliches Prinzip!

Aus guten Gründen bleibe ich bei der Beantwortung dieser Frage bei unserer eigenen Kernfamilie.
Ich glaube, ich habe meinen eigenen Kindern ein wenig mehr erklärt als dies mein Vater mir gegenüber jemals getan hat. Ich war viel weniger autoritär und jähzornig als er! Prügelstrafe war in unserer Familie Tabu, Liebesentzug auch, im Prinzip wenigstens! Meine Frau und später meine Tochter haben sich für ihren Nachwuchs selbstlos eingesetzt und ihn bewusst gefördert. Es ist jedoch schwierig, sich vom eigenen elterlichen Vorbild zu lösen, weil wir sehr viel übernehmen, was Gefühle und Verhalten und Urteile betrifft. Gehen wir heute wirklich viel lässiger und natürlicher und toleranter miteinander um? Es wäre zu wünschen, dass wir uns unaufgeregt und heiter und ohne verkniffene Mienen begegnen. Einen Versuch wäre es zumindest wert!

34. Was ist für Dich das Schönste daran, Opa zu sein?

Du weißt inzwischen, dass ich Superlative nicht mag.
Es gibt viele wundervolle Stationen und Momente, die mein Dasein als Opa ausmachen.
Opa zu sein, ist wie eine zweite Chance, die uns das Leben gibt. Es kommt mir vor, als sei es wirklich noch nicht zu spät, im Nachhinein eine glückliche Kindheit zu erleben!
Es ist ein Geschenk, kleine Kinder im Schoße der Familie aufwachsen zu sehen und zu verfolgen, wie sie schrittweise die Welt begreifen und selbständig werden.
Kinder zeichnen sich aus durch eine überwältigende Offenheit und Ehrlichkeit. Mit ihnen lässt sich vieles gemeinsam neu entdecken und bestaunen. Als Opa kann man natürlich längst nicht alle Fragen beantworten, die

ein Kindermund stellt – vermutlich sogar nur die wenigsten! Es ist atemberaubend, mit anzusehen, wie sich ein junges Leben entfaltet. Es hat mich stolz gemacht, gebraucht zu werden. Du hast nach und nach entdeckt, dass Dein Opa zur Gitarre singen, Auto fahren, mit Dir schwimmen, für Dich kochen und mit Dir spielen kann und dass Du jederzeit mit ihm rechnen darfst. Es hat Situationen gegeben, in denen *Du* Deinen Opa getröstet hast, obwohl Du doch noch so jung warst! Du hast nicht nur genommen, sondern auch gegeben und vor allem auch *abgegeben*. Du hast Dich bei Deinem Opa geborgen und zu Hause gefühlt und ihm dies auch deutlich gezeigt. Diese Vertrauensbeweise haben mich froh gemacht. Du hast oft nach mir Ausschau gehalten und warst erst beruhigt, wenn Du sahst, dass es mir gut ging und ich in der Nähe war.

35. Gibt es einen Unterschied zwischen den Großvätern heute und denen von früher? Worin besteht der?

Auch diese Frage enthält eine Verallgemeinerung: *den* und *denen*! Jede Antwort darauf muss schief bzw. falsch werden! Viele Menschen wirken auf Fotos aus früheren Tagen schrecklich ernst, was natürlich an der damaligen Aufnahmetechnik liegt. Das legt den Schluss nahe, viele Großväter von früher seien ständig bierernst gewesen. Vielleicht. Fotografische Aufnahmen sind jedoch nicht immer ein Abbild der Wirklichkeit! Alte Fotos mit den meist stockernsten Gesichtern unserer Vorfahren können kein zuverlässiger Maßstab irgendeiner Beurteilung sein; denn Porträt- oder Familienansichten auf die Platte zu bannen, das erforderte damals viel Geduld und Stillhalten! Dauerlächeln tut übrigens weh! Dagegen ist ein ernster

Blick geradezu eine Wohltat. Früher wurde viel geprügelt. *Was* haben die Prügel gebracht?

Ein Volkslied, das ich besonders mag, lautet:

Kein schöner Land in dieser Zeit als hier das unsre weit und breit, wo wir uns finden wohl unter Linden zur Abendzeit.

Wann und wo überhaupt haben unsere Altvorderen in Berlin oder seinen Vororten unter Linden zur Abendzeit singend zusammen gesessen? Auf Bildern romantischer Maler etwa? Wenn je, dann wohl allenfalls vor der industriellen Revolution, also Mitte des 19. Jahrhunderts, als es auf dem Lande noch Großfamilien gab! Hat es diese Idylle allerdings wirklich irgendwo gegeben?

Da haben wir so manche Stund' gesessen da in froher Rund' und taten singen, die Lieder klingen im Eichengrund.

Vor meinem geistigen Auge sehe ich bärtige deutsche Männerchöre im Eichengehölz singen, sofern es die politischen und sozialen Umstände überhaupt zuließen!

Sollten Großväter in beachtlicher Zahl jemals derart sangesfreudig und froh, friedlich und kontaktreich gewesen sein, dann erscheint mir dieser Archetypus heute irgendwie weitgehend zu fehlen!

Meine beiden „echten" Großväter gehörten zur Spezies der Berliner Kernfamilien, sind jedoch lange vor mir gestorben. Ich „kenne" sie nur vom Hörensagen!

Die beiden Weltkriege haben außerdem große Lücken in die Bevölkerungspyramide gerissen und die Zahl der überlebenden Großväter vielerorts stark schrumpfen lassen!

Nach allem, was ich durch meine Befragungen im Rahmen der Familienforschung über meine beiden Großväter erfahren habe, bin ich eigentlich ganz froh darüber, niemals mit ihnen Bekanntschaft gemacht zu haben. Vielleicht wären sie mir autoritär erschienen ohne wirklich Autoritäten zu sein! Vielleicht hätte ich sie viel mehr gefürchtet als geliebt. Vermutlich hätte ich mich in ihrer Gegenwart eher bevormundet als frei gefühlt. Ich glaube, Großväter können so unterschiedlich sein wie Trainer auf dem Fußballfeld!

Oft komme ich mir vor, als gehörte ich persönlich einer Generation an, die „sich selbst überholt" hat. Dabei denke ich in erster Linie an die Formen der heutigen Mobilität und an die vielfältigen Kommunikationsmöglichkeiten. Als Dein Großvater, Jahrgang 1941, bin ich in einem Land mit freiheitlich-demokratischer Grundordnung aufgewachsen, habe selbstverständlich einen Führerschein und habe einige Teile der Welt mit friedlichen Absichten bereist. Ich kann inzwischen einigermaßen mit dem Handy und dem PC umgehen und erhalte die Weltereignisse auf dem Fernsehschirm live präsentiert. Ich denke gerne nach, gebe mich kritisch und halte mich für kreativ und sozial engagiert. Sind jedoch heutzutage alle Großväter mit derselben Elle zu messen? Waren sie es damals etwa? Wenn ja, dann wären sie ja zu allen Zeiten vom Typus her austauschbar gewesen!

Wodurch unterscheiden sich Menschen voneinander?

Wie definieren sich viele von ihnen?

Wir unterscheiden uns mindestens durch unser individuelles Wissen, unsere Fertigkeiten und unser Urteilsvermögen. Dazu kommen innere Einstellungen und Überzeugungen sowie Charaktereigenschaften und – als Rahmenbedingung – die sich ständig verändernde Welt, in der wir leben und die je nach Längen- und Breitengraden sehr verschieden aussieht!

Du siehst, es ist es oft viel einfacher, eine Frage wie die obige zu stellen als sie allgemeingültig zu beantworten!

36. Welche Deiner Eigenschaften erkennst Du bei Deinem Enkel wieder?

Du hast, biologisch gesehen, zwei Eltern und vier Großeltern. Das sind zusammen sechs Personen. Wenn Du jeweils zu 50% von Deinen Eltern geprägt wärest, so wärest Du von Deinen Großeltern eher indirekt beeinflusst; denn Deine Eltern sind ja wiederum von ihren Eltern, also von Deinen Großeltern, mitgeprägt worden.

Mein Rechenbeispiel hat aber keinen sehr hohen Erkenntniswert, weil wir hier den genetischen Einfluss möglicherweise überbewerten. Du bist nämlich von weiteren Bedingungsfaktoren entscheidend beeinflusst und sozialisiert worden!

Wenn Dir Deine Lehrerinnen sagen, Du müsstest in der Schule stärker aus Dir herausgehen, so hätte diese Bemerkung auch auf meinen eigenen Zeugnisköpfen stehen können. Hat sie sogar! Ich werde außerdem das Gefühl nicht los, dass wir beide sehr vorsichtige Menschen sind und nur überschaubare Risiken eingehen. Wir beide denken in weiten Zeiträumen.

Du hast neulich Deiner *Mum* gesagt, Du wollest einmal eine hübsche Frau heiraten, Kinder haben und ein lieber Opa werden. Du blicktest also schon als Achtjähriger weit in die Zukunft und hängst großen Lebensträumen nach. Lass Dir diese Träume niemals nehmen! Ich träume auch gern und schaffe mir damit meine Welt – nämlich genau so, wie ich sie gerne hätte!

37. Was ist Deine schönste Erinnerung an mich?

Wieder dieser Superlativ!

Meine Hochzeit mit Deiner Oma zum Beispiel war ein besonders schöner Tag in unserm Leben – aber sicherlich niemals der schönste, weil es dann ja nur noch

Zweitklassiges gegeben hätte und bergab gegangen wäre! Darum lass mich von *besonders schönen* Erinnerungen an Dich erzählen!

Dabei geht es weniger um Einzelerlebnisse, sondern um Gewohnheiten und Erfahrungen, die wir innerhalb einer größeren Zeitspanne miteinander gemacht haben.

Lange Zeit hast Du unterwegs voller Vertrauen nach meiner Hand gegriffen. Manchmal war das auch nötig, weil Du oft gestolpert bist – meistens über Deine eigenen Füße!

Wir haben im Sommer bei schönem Wetter beide in der Buddelkiste hinter dem Haus im Nebelhornweg gesessen und Eierpampe produziert. Wir haben mit Hilfe von Stanniolpapier kleine Teiche angelegt und Deine Phantasie hat die tote Welt um uns herum belebt.

Oft haben wir im Hobbykeller gemeinsam die Holzeisenbahn aufgebaut oder mit Modellautos gespielt. Du gefielst Dir dabei meistens als *Spielführer*.

Als Du sechs warst, habe ich Dich am Wirchensee ohne schlechtes Gewissen bemogelt. Mit großer Freude bist Du am ersten Tag vom Schwimmsteg aus in den See gesprungen – einen *Paketsprung* (bitte verzeih mir den ordinären Ausdruck „Arschbombe") nach dem anderen hast Du hingelegt! Vom zweiten Tage an habe ich Dich auf den See hinausgelockt. Ich musste Dir versprechen, Dir entgegen zu schwimmen. Hast Du überhaupt gemerkt, dass ich ständig am Wassertreten war und mich kein bisschen von der Stelle bewegte? Jeden Tag musstest Du eine größere Distanz zu mir zurücklegen; aber Du hast mich immer, wenn auch völlig erschöpft, erreicht und dann sind wir gemeinsam und gemächlich zurück geschwommen. Ich war mächtig stolz auf Dich!

Später hast Du mich zum Fußballmatch herausgefordert und anerkannt, dass ich allmählich besser geworden sei.

Wir haben uns gegenseitig oft gesagt, dass wir uns mögen. Das tut einfach nur gut!

Ich habe Dich so manches Mal getröstet und Dir tat es leid, wenn Du merktest, dass ich mir Sorgen um Dich machte.

Bevor Du abends in der Severingstraße in Deinem Hochbett eingeschlafen bist, musste ich Dir regelmäßig vorlesen (meist Sachgeschichten), bevor Du Dein Abendgebet gesprochen hast. Das hat mich sehr angerührt; denn wir haben mit unseren Kindern früher auch regelmäßig gebetet und diese Tradition ist nun auf Dich gekommen.

Wir haben geübt, auf einander Rücksicht zu nehmen und für einander da zu sein – ohne große Worte.

Du hast mich lange Zeit als *streng* bezeichnet, weil ich dagegen war, dass Du unser Klavier anfangs für ein Spielzeug hieltest und weil ich von Dir verlangte, dass Du das, was Du Dir freiwillig auf Deinen Teller geladen hattest, bitte schön, auch aufessen solltest. Ich wollte nämlich keine Lebensmittel wegwerfen! Ich habe Dir, wie ich meinte, Grenzen aufgezeigt, die Deine eigenen Kinder später vermutlich auch einhalten müssen. Dies hat weniger mit Strenge als mit Spielregeln zu tun! Trotzdem gab es Tage, an denen Du auf mich zugelaufen und vor Wiedersehensfreude geradezu in meine Arme geflogen bist!

Manchmal bist Du nachts in mein Bett gekrochen, weil Du nicht allein sein wolltest oder schlecht geträumt und Dich gefürchtet hattest.

Weißt Du, ich glaube, wir waren und wir sind wirklich ein gutes Team – wir beide! Es bleibt abzuwarten, was die Zukunft bringt. Immerhin haben wir jedoch einen hoffentlich wetterfesten Grundstein gelegt!

Nachwort

Meine bisherige Teil-Autobiografie zeigt, dass sich mein Leben, fussballtechnisch gesprochen, von Anfang an allerhöchstens in der Regional-Liga abgespielt hat! Das Leben eines Prominenten ist mir erspart geblieben und der rote Teppich wurde noch nie für mich ausgerollt!
Mir kommt es so vor, als könne man seinen „Stallgeruch" einfach nicht loswerden und seine Herkunft niemals ungestraft verleugnen. Trotz meiner Berufsausbildung und trotz meiner späteren akademischen Laufbahn fühle ich in tiefster Seele, dass ich ein Kind aus einfachen Verhältnissen geblieben bin und stehe zu meiner Herkunft.

Die meisten meiner Erinnerungen sind an mich persönlich gebunden und die Höhen und Tiefen meines Lebens kann nur ich allein als solche empfinden und niemand sonst!
Ich allein messe meinen Erinnerungen eine bestimmte Bedeutung bei!
Ich allein beurteile, wer oder was mir je wichtig war!
Egal, ob ich mit meinem Urteil nun richtig oder falsch liege – meine Erinnerungen gehören nur mir und werden zugleich mit meinem Lebensende verlöschen.

Was könnte eigentlich Ziel menschlichen Lebens sein?
Ich erinnere mich an einen Mitsänger im Bass, mit dem ich mich damals gut verstand und der in der Alt-Schöneberger Kantorei lange Jahre neben mir gesungen hatte. Auf einen Bierdeckel schrieb er einmal diverse Lebensziele, die er zu verwirklichen gedachte. Ich habe vergessen, worum es sich dabei im Einzelnen handelte, aber ich könnte mir vorstellen, dass es zum Beispiel um menschliche Beziehungen, Berufstätigkeiten und Reisen

in die weite Welt ging. Es ging vermutlich auch um Wissen und Erfahrung und um das Reif-Werden.

Wenn ich alle diese Einzelziele additiv erreicht habe, ist dann am Ende auch schon mein Lebensziel näher gerückt?

Ist mein Lebensziel verfehlt, wenn ich *nicht* auf dem Siegertreppchen stehen darf? Wenn meine Träume und Sehnsüchte *nicht* oder nicht vollständig in Erfüllung gehen? Wenn es meine Lebensumstände gar nicht zugelassen haben, dass ich zum gefeierten Helden geworden bin?

Darf mein Leben am Ende zwar als anerkennenswerter Versuch gewertet werden und trotzdem unvollkommen und unvollendet bleiben?

Unser Leben ist eigen- und auch fremdbestimmt. Schon aus diesem Grunde können wir oft gar nicht die besten Karten in der Hand haben!

Als wir, lieber Patrick, im Sommer 2012 zu dritt in der Allianz-Arena in München waren, im Stadion von Bayern München, hat mich in der dortigen Ausstellung die Philosophie dieses Vereins stark beeindruckt:

Wir sind eine Familie und lassen keinen von uns los!

Wenn ich heute nach einem meiner wichtigeren Lebensziele gefragt werden sollte, so würde ich antworten:

Mir selbst und anderen Menschen Halt geben!

Das ist mir in der *Allianz-Arena* erneut ins Bewusstsein gerufen worden.

Für mich, Patrick, war und ist Deine Oma meine Traumfrau!

Ich habe meine jahrzehntelange Unterrichtstätigkeit als einen Traumberuf empfunden.

Ich war und bin gerne Vater und Großvater. Ein Traum!

Ich habe Freunde gefunden und fühle mich dadurch wie im Traum reich beschenkt!
Alles in allem, ich habe Grund zur Freude und zur Dankbarkeit!
Ja, ich bin inzwischen in Deinen Augen schon ziemlich alt und komme nicht mehr auf jeden Berggipfel hinauf, vermutlich auch deswegen, weil ich dafür nicht genügend trainiert habe und zu viel Körpergewicht mit mir herumschleppe! Aber noch immer kannst Du mit mir um die Wette schwimmen oder mit mir Fußball spielen!

Ich stelle mir mein Leben in seinen einzelnen Phasen manchmal als einen Fluss vor, nicht immer kanalisiert, sondern teilweise ungefragt seine Schleifen durch die Landschaft ziehend bis hin zur Mündung, wo sich seine Wasser verlieren. Am Ende wird er alles fortgespült haben: meine Stärken und meine Schwächen, meine Erfolge und mein Versagen, mein Lachen und mein Weinen und die Erinnerung an mich wird allmählich verwässern. Aber wohin geht die Reise? Du wirst dieses Lebensbild des Verlorenseins vermutlich nicht gelten lassen wollen, weil Du glaubst, dass sich hinter unserem Dasein gewiss ein tieferer Sinn ergründen lässt. Vielleicht.

Auch wenn Du in Bezug auf die Dinge hinterm Horizont am Ende nicht viel klüger sein solltest als ich es im Augenblick bin, so wirst Du doch immer wieder stehen bleiben, nachdenken und Dich fragen, ob Du nicht wenigstens *einige* Deiner der Erde verhafteten Ziele, die Du Dir gestern und hier, sozusagen dem Puls der Zeit verhaftet, gesetzt hattest, zwischenzeitlich erreichen konntest.
Lass uns die große Sinnfrage noch geduldig vertagen und uns durch sie nicht lähmen am Leben einstweilen Freude zu empfinden!

Ebenfalls bei BoD sind von mir erschienen:

Wie ein Magnet   2007, 60 S.
                   ISBN 978 - 3 - 8370 - 1371 - 9
Dem Geheimnis der Weihnacht auf der Spur
                   2008, 60 S.
                   ISBN 978 - 3 - 8370 - 6586 - 5
Schule — Haus des Lernens 2009, 220 S.
                   ISBN 978 - 3 - 8391 - 0000 - 4
Mit dem Rücken zur Fahrtrichtung 2009, 60 S.
                   ISBN 978 - 3 - 8391 - 3010 - 0
Vom Baum der Erkenntnis kosten 2010, 60 S.
                   ISBN 978 - 3 -8423 - 0683 - 7
Festhalten und Loslassen 2011, 60 S.
                   ISBN 978 - 3 - 8423 - 4408 - 2